將最古老的智慧
用最自然生態來詮釋《易經》的哲學

宇宙間的符號

將難經變為易經

第四輯

說卦傳、序卦傳、雜卦傳

乙(天易) 主講
錫淵筆錄編著

用易簡全新思維
帶你打開《易經》五千年來神秘面紗

國家圖書館出版品預行編目資料

宇宙間的符號/將難經變為易經(四)/.太乙作　初版
初版. 臺南市：易林堂文化，2017.04 -
　冊　；　　公分
　ISBN　978-986-89742-8-9(第三冊:)平裝
　ISBN　978-986-89742-9-6(第四冊:)平裝
　1.易經　2.易學　3.研究考訂
　121.17　　　　　　　　　　　　　106003242

宇宙間的符號/將難經變為易經(四)

作　　　者 / 太乙(天易)
筆錄編著 / 蕭錫淵
總 校 稿 / 太乙
總 編 輯 / 杜佩穗
執行編輯 / 王彩鳶
發 行 人 / 楊貴美
發 行 者 / 易林堂文化事業
出 版 者 / 易林堂文化事業
地　　　址 / 台南市中華南路一段186巷2號
電　　　話 / (06)2130327　傳　　真 / (06)2130812
郵局帳號：局號 0031204　帳號 0571561　戶名：楊貴美
電子信箱 / toosg3215@gmail.com
2017年 4 月 15 日 初版

總 經 銷 / 紅螞蟻圖書有限公司
地　　　址 / 台北市內湖區舊宗路二段121巷28號4樓
網　　　站 / www.e-redant.com
郵撥帳號 / 1604621-1 紅螞蟻圖書有限公司
電　　　話 / (02)27953656　傳真 / (02)27954100
定價單冊 : 396元

宇宙間的符號　目錄

中華禮制進化的棺槨卦

山雷頤與風澤中孚的葬法改進才是中華禮制進化的棺槨卦，老師所言，一點也不差。

余好玄學，喜古老文化陰陽數術，親佛道之學，參名山訪明師秘聞，每與神靈意會，常欣然忘食。昔日，庭前草坪上四座美女雕像與美館相望，重新粉裝上色之後，可能是天地羅神替他們點上靈光，賦予新活力，外觀栩栩如生，已成為一個景點。

當夜晚來臨，觀西南方的晴朗上空，時常見到星光格外閃亮，襯托朵朵飄逸浮雲，顯耀出祥瑞之氣，想必有高人在此，因此就帶著好奇心來美館一探究竟，並加入心靈課程的學習行列，想不到一來就快要三年的時光，其主要因素，是受太乙老師爐火純青的五術才華所吸引，以及被他投入教學不藏私的態度所感動而心存感恩。

太乙老師有出版一本袖珍型的萬年曆，出外攜帶，隨時翻閱甚為方便，前年我有一位同道，名號小梧老師，現於救國團教 OH 卡，在 07 月 25 日是生日，我心裡就想預訂一本作為賀禮吧！就在一次上課太

乙老師帶來二本，老師關愛地問「作何用途？有大本萬年曆了，還買二本小的？」義權回答說是要送人的，老師心血來潮即在講台的白板占我一卦，當時我很意外，因並未事先提問，老師就出手推斷，並直接問班上同學們，現在是幾點幾分？台下的同學，異口同聲說：「現在時間是 0725」。

太乙老師是這樣解的，「0 為癸水代表神，是主宰因果，7 是庚申，為乾為天，2 為巽，為法船，5 是高山戊土，是心靈淨土，義權與天神鬼神有特別緣份，0725 與天象相應，太乙老師還恭喜我說，上老師的課對我自己會有幫助，可以更上一層樓。太乙老師又補充說，如果台下的同學回答說是 1925 而不是 0725 的時間，那整個卦象結果就變不好了」。

聽了太乙老師的解說，很欽佩他的學術，一瞬間即把我的喜好及遠景在同學面前給推斷出來，雖然覺點太美化了，但內心對這份鼓勵是非常珍惜，前面提到的四美女如果也在場聆聽，一定會為我們精彩的占卜過程獻上天女散花，為我們慶祝一番，把鮮花撒向大地，用鮮花點綴在美學館教室與草樹之間。想不到，老師的數字可以推斷這麼多人事地物，又這麼巧妙精準，同道的生日與老師占卜採用的時間恰巧一樣

0725，真是太神妙了。

　　義權心喜，於夜半吟了一首『天女散花』的詩詞：

維摩下凡間，　仙女現靈暉。

虛空揮衣袖，　天華滿處飛。

天易渡有緣，　干支萬事明。

讚歎天女仙，　自在大慈悲。

太乙老師獨到的學術傳授：

　　在易經繫辭下傳第二章中有提到「古之葬者，厚衣之以薪，葬之中野，不封不樹，喪期无數，後世聖人易之以棺槨，蓋取之大過。」，這一段見南懷謹大師在易經繫辭別傳，詮釋為孔子與墨子反對厚葬，棺槨太闊氣，是為大過；而其他絕大部學者則認為是後世聖人，為提昇禮俗生活，改用棺槨殯葬，取象於大過卦，故以大過為棺槨卦。

　　太乙老師從卦象與錯卦看出其中另一層內涵，古聖賢應是見到古人葬之中野，不封不樹，很像大過的卦象▦▦，大象為坎水象，一六陰爻為泥土，二三四五陽爻為大體，在荒野日久的風雨沖刷，大體流入大河成為水流屍，對先人不敬，所以才改進，更換為棺槨下葬，合乎禮制。

　　而棺木的外形與大過卦☰☰的錯卦山雷頤卦☶☳象極其相似，有較牢固的外用物品，將往生者包裹覆蓋，一六為陽爻，二三四五爻變為陰，這是棺木一層名為「棺」，為一般老百姓所用。另外棺木二層則為「槨」，官府官員所用，用棺木以保護大體，其象為風澤中孚卦☴☱一二五六爻為陽爻，三四爻為陰爻，山雷頤與風澤中孚卦的大象都是離為火的象，為丁火，代表香火傳承，所以為棺槨卦。

義權學習後的啟發：

一．風澤中孚☴☱的錯卦為小過卦☳☶，大象也是坎水卦象，也是葬之中野，不封不樹，只是棺木比大過卦小而已。雷山小過與澤風大過、山雷頤與風澤中孚四個卦同時都是遊魂卦，傳統病疾問卦最怕遊魂卦，世人過往靈魂離體，真是名符其實，而山雷頤與風澤中孚的葬法改進才是中華禮制進化的棺槨卦，老師所言，一點也不差。

二．風澤中孚之干支為乙酉，乙酉的人如豐收，不要急於享受犒賞自己，否則辛金會滅掉乙木，酉在丙火的十二長生為死，乙酉之人如失去火的執行能量，功成身退，辛酉就會來滅乙木，下一步就入墓，故風澤中孚也如山雷頤有大體置放其中的

卦象及個別生命週期警示的義涵。乙酉的人以信望愛付出更多，有捨有得，多捨多得，就能儲備更多能量，增加抗壓性，不怕過寒冬而枯萎凋零，所以參與戶外公益或社團活動、服務志工對八字乙酉之人是非常有助益的，當匯聚太陽丙火能量就會雲消霧散，化解危機。

三. 山雷頤：君子以慎言語，節飲食；頤，養正也。頤是「象形字」代表兩頰將嘴包住，所以「頤」字的本義就是人臉上兩腮或兩頰的部位，頤卦的二三四五陰爻取象為牙齒。雖然殯葬入土後，屍骨腐化口會張開是的自然變化，是不用擔心的，以前義權在學陰宅，在旁的師兄弟見到屍骨口張開，就會說「嘴開開，吃子孫」。

這不祥的傳說來自大陸，於官方民間流傳久遠，有些堪輿師或欽天監會為往生者的嘴裡放置一隻玉製的蟬，有「入土永生」的意涵，也是為避免父母剋子孫，化解吃子孫的傳說。蟬的幼蟲期是在土裡生長，一段期間，才出土羽化脫殼，在美國東部有「十七年蟬」，這些蟬的若蟲在地下可蟄伏最長十七年，然後破土而出。在皇清貴族更深信這樣的說法，所以

就有慈禧太后死後，口含夜明珠的故事。將山雷頤卦 ䷚ 類比取象為棺槨卦有其正當性，與太乙老師的詮釋，殊途同歸。

　　太乙老師囑咐愚生為序，因才疏學淺，內心惶恐，謹提供上課心得一二，期能拋磚引玉，疏忽之處，尚請見諒！諸君如欲了解更多精彩難聞的經典學理及實用案例，均已詳錄於本書及相關系列的著作中，深值得您珍藏，參研必能功力倍增。

蘇義權　書於 2017 01 09

前　言

「巳」與「己」皆為天干與地支之一，「己」是到達，無論文字的對錯，皆有機可循，字字真跡。

　　宇宙大自然是先有陰 ▬▬ 陽 ▬ 符號的象，陰陽之交媾組成了三劃象、六劃象，再有《易經》卦名定案，之後才有卦辭、爻辭，不是只有著重在於卦辭、爻解文字的解析，而是全部兼備的天地四時之交感。每劃稱之爻，爻代表可變性的位移，絕不是陽變陰、陰變陽的「變卦」，而「變」是指爻位的重新「位移」，「位移」之後重組三劃之卦，稱之為「變卦」，又稱「之卦」，與坊間的名稱相同，但內涵不傳之秘的大道理是迥然不同。

　　「乾」代表陽、「坤」代表陰，「乾」代表生，「坤」代表滅，「乾」代表始、坤代表生，兩者也是一直在輪迴，乾是由上而下，坤是由下而上，所以其屬性是陰陽順逆，又如坤卦的初爻：履霜，堅冰至。是從後天坎宮到艮宮，所以是由下而上，而後天乾宮位是天門，也代表乾卦初爻，所以乾卦是由上而下，因此兩者自然就產生陰陽交媾，而創造宇宙大自然。

　　「臨觀之義或與或求」則是同樣的一件事物，站在不同的角度、立場，其看法、思維、心態的比擬，換了位置，換了腦袋，人世間一切是是非非無不是如此，所以才有乾剛、坤柔；比樂師憂；臨觀之義或與或求……，因此整部《易經》是一套人生劇本。

　　「宇宙間的符號:將難經變為易經」的課程即將邁入第 3 年了。回憶(甲子)像一隻鉛筆，沒有顏色卻有清楚的字體。紅塵幾世的輪迴，再寫今生的緣分(坎為水，講輪迴)，如 60 甲子旬，由首甲子到了第六十位癸亥，癸亥(大海水)如同火水未濟䷿，滿盤的坎水，無火的能量、無火的既濟稱之未濟，符合了六十四卦序。甲子為輪迴之首、天地之始、生命的開端，甲為震為長男繼承了乾父乾為天而來，子為先天之坤為地，甲子為乾坤交媾而來，也代表甲為乾、子為坤，為六十甲子卦序乾坤之始，甲子之象是水來生木，代表木會得到印星，震木得到坤母滋生。

　　甲子暗藏正印、正官的關係，60 甲子，甲子為首，納音五行中言「甲子乙丑海中金」(乾卦則是西北的戌乾亥之位)，如果以 12 辟卦的角度來分析，坤䷁代表亥月、亥時，在亥時是沒有太陽，所以整片大地是黑色的，而在亥之意，是代表看不到太陽，先

11

天的坤卦之位,是後天坎卦之位。

坤卦初六爻的履霜、堅冰至。即在言方位,坤卦初爻為東北方的水凍結之位,也這是順著四時道理而行。由坎水已開始,有薄冰,進而為東北艮的堅冰,陰始凝也。馴至其道,至堅冰也。

「其為天也為黃」,是在言坤卦的第六爻:龍戰于野、其血玄黃。也就是把它當成天象,是代表玄黃也稱之為天地玄黃,所以乾坤兩卦交媾,所產生的第一個兒子叫玄黃,在震卦說明中,即言震為玄黃,所以玄為天,黃為地,因此坤卦若為天象就是代表黃。乾卦中的四個龍,而震卦之龍,是傳承於乾卦,即代表長子繼承之意,所以乾卦與震卦以龍為代表,是在言繼承,為玄黃者,代表震是天地所生的第一個長子。甲子為六十循環之首。

水也為記憶體,記憶體記載著生生世世的因果循環,一如手中握的原子筆(甲),可以源源不絕寫出(子)前世今生無數動人的故事(癸亥)。

癸亥 60 甲子排序的最後,火水未濟卦▤▥是易經排序的最後,癸亥干支都為水,沒有太陽沒有火的

資助，就是火水未濟，火水未濟就是癸亥。癸亥水深也是內心城腑深藏，「士為知己者之、女為悅己者容、馬為策以者馳、神為迫己者明、知不知美好不用貪嗔癡、會不會存在本來就如此」。只需要記著莊子的故事，「數不盡的翅膀擺著壯麗，數不盡的觸角碰著細膩，數不盡的一切帶著生命輪迴，當回憶都是溫柔的一首歌，日以作夜、夢多一些」。

60 甲子歲月的循環與《易經》六十四卦序是母子的關係，最原始的東（日陽 ▬ ）西（月陰 ▬▬ ）符號，轉化為天干地支，如此的契合，如「粗陶與玫瑰」。

天干甲，第一天干代表創始、創世紀、劃時代、魔術師，一出手就不凡的氣象，甲子、甲戌、甲申、甲午、甲辰、甲寅為六甲旬首。

山風蠱卦☶☴；蠱：元亨，利涉大川。先甲三日，後甲三日。改革不是要創新，而是要恢復一個新的循環，先甲三日辛，後甲三日丁。講天干的排序，也講甲的來源及結果辛，甲的傳承能量磁場丁，一切符合天地自然，七日來復的一週期。卦辭、爻辭連結了天干地支澤火革卦☱☲；革：巳（己、巳）日乃孚、元亨利貞，悔亡。

「巳」與「己」皆為天干與地支之一,「已」是到達,無論文字的對錯,皆有機可循,字字真跡,指南針的發明就引用了天干地支。

本書的靈魂人物、精神所在

一江春水向東流,黃河東流九曲,最後通通流入大海。大海接收所有資源,自然能夠成其「大」故受之以「　豐」,「豐」卦的資源十分雄厚,「豐者大也」,豐的境界不是人人可以達到。

將難經變為易經的課程,即將邁入第三年,這二年來四期共 64 堂課的時間,蕭錫淵大哥每堂課,都辛苦的付出 18 個小時以上的時間、精神來整理,筆錄、撰稿、編纂、打字,更融入自己數十年來的學易心得,文富辭豐讓同學能夠更融入的了解,感恩蕭大哥辛苦付出。

時間的積累,「雷火豐進而風山漸」,《象曰》:山上有木、漸;君子以居賢德善俗。「漸」這個字,是本書逐步發展問世的過程,由巽木長成震木,茂盛茁壯,引領同學將宇宙間的符號「易經」之象天干、地支融入大自然情境,也融入了生活中。「漸」:在中

國文化裡，有非常豐富的涵義，「漸」卦是鼓勵一個
人，或一個團隊，往既定目標奮鬥時要循序漸進，循
序的序就是次序。

　　任何事的發展都有其節奏，堆疊累加，工夫如此
扎實，往前推進時低調深入，一個目標、抓重點、步
步落實，這種踏實的精神如謙卦。《繫辭傳》，謙德之
柄也、謙尊而光、謙以制禮。謙柔軟，巽順身段，自
持以行影響他人齊心共進期許各位同學共勉之。再次
感恩蕭錫淵、蕭大哥，您是本書的靈魂人物，精神所
在，謝謝您，您辛苦了！

　　　　　　　　　中華民國 106 年 2 月 10 日
歲次丁酉年立春後 7 日壬寅月戊辰日丁巳時
　　　　　　　　　　　太乙(天易)謹筆

宇宙間的符號(易經四)第一講 (2016/09/07)

一、問題與解說:

（一）涼亭之內聲音有回音現象，如人立於此空間之下，對身體是否有所影響，遇有此狀況是否遠離比較好？

　　涼亭雖然只有屋頂而無邊牆，但因回音是一種頻率的共振，所以當聲音碰觸到屋頂後，就會反射共震而產生回音，一般而言他會干擾到正常的頻率，所以在回音之下，就有感覺被干擾情形，故當有聲音之時其氣就會受到引動，因此人的腦波就會受到干擾，而會有眩暈的感覺。

　　譬如歷史章回小說，常提及作戰時佈八卦陣或其他陣式，其運用方式就是與回音有類似情形，目的是讓敵人進入陣勢之後受到干擾，讓其迷失方向，最後將其殲滅，然而一般而言，立於回音範圍之下只要不談話是無關係；相傳如坐於此回音的三角形範圍之下，可與天接軌，因此若於其下打坐、看書、研修，則其效果會是最好的。

（二）小鳥於屋簷下築巢並生養小鳥，此現象對於居住者有何影響？

　　房屋有小鳥築巢，一般都認為是好的現象，其實是代表增生之意，以老師個人立場，都會建議當事者，於小鳥要開始築巢之時，就將其趕走最好，因讓其築巢並生養小鳥，如此居住於此處之人，其體內都會產生增生情形，尤其女孩子更會有子宮肌瘤產生，以老師歷年來的觀察所得，此象是非常的準確，若小鳥只是在房屋前後飛來飛去，而並未築巢那是沒有關係，若在屋外所栽植樹木上築巢，如距離近最好也不要，如距離遠那就沒有關係。

　　另外如在家中栽植樹木之上，再栽植蘭花（將蘭花寄生於樹木上），如此居家之人其身體之內，也會有寄生情形發生，這些事象就是透過有形的現象，而反映在身體之上，又如牆壁有脫漆現象（俗稱長壁癌），如此居家者也會有皮膚不好，或身體之內也會慢慢產生癌細胞或腫瘤，所以有此現象者，也須即時處理。

　　又如擺在家中的石頭擺久了，也可能造成居家者發生外痔疾病，屋外種有小果樹，當果實成熟而未加以摘取，則也會有增生的情形發生，尤其成熟果實不摘取，任由其腐爛，則會更麻煩，但如種植不長果實的植物，則沒有關係。

常言道「貓來富，狗來蓋大厝（房屋）」，其實這是甲木與寅與戌的關係，因人代表甲木，而貓為寅，而甲遇寅是為祿位，所以說貓來富，而戌土是甲木紮根，穩定成長的地方，而狗為戌代表戌土，而且戌中有丁（地支藏干中戌藏戊、辛、丁），因此甲木可以穩定的在戌中成長，所以說狗來蓋大厝，因此貓或狗自動而來，是沒有凶象，反而是吉象的。

或許有人問屬羊之人是否可以養狗？以天干地支而言，羊遇狗代表未遇戌，是代表羊遇高山，因此高山的水，會釋放到未，故未遇戌是會得財，但因彼此有高低落差，因此雖有得財之利，但也有從高處跌下，而導致受傷的凶險之象。

二、說卦傳

說卦傳的內容，在理氣象數上，都是用得到的，包括陽宅、風水地理、方位學、卜卦運用等等的人事地物，可以說均包含於其內，進一步而言，他也是術（數）的延伸，尤其他是卜筮所得之卦的卦象比擬，及卦象所代表之事物的類化均包含於其內。

說卦傳也在言兌卦，以及陰陽顛倒的情性，而兌字代表喜悅，兌卦的大象曰「與朋友講習」，所以

「兌」就是把內心的喜悅、快樂說出來，讓大家來分享，如此就能「脫」離輪迴。

　　說卦傳的「說」字，其意即代表是在「言兌」，而兌卦在《易經》六十四卦中，其排序為第五十八卦，而言字本身為七劃，因此兌與言二者相加為六十五（58+7=65）劃，再以六十五減六十四餘一，而一代表乾卦，所以說其也是在言乾卦，在乾卦而言是代表自彊不息，也就是自己要勉勵自己，要讓自己每天都進步一點點，也就是在進步上，是永遠不要止息，所以說卦傳回歸到最後也是在言乾卦，這也是說卦傳的基本概念。

　　另外說卦傳是在言兌、言喜悅，而兌也為少女，而少女二字合而為妙，故也在言妙、言妙法、言女子，而女子二字合而為好，故言說卦傳此編章真的是很「好」的事物類化。

　　在講解之前，首先要瞭解的是，《易經》從以前到現在，就有很多不同的版本，而這些版本是如何形成，他們對《易經》解說為何，皆非我們所要研究或瞭解的標的，對我們而言，最重要的是針對一個版本，然後深入的探究他的大綱，並推演最接近《易經》

原意之所在為目的，也就是以最貼近《易經》，所要表示的大自然環境為主。

在《易經》研究方式上，大約可分為「義理」與「象術」二派，而「義理」學派，是以易理為研究對象，大部分是屬於學術上研究，並針對於卦、爻辭的用字做深入的註解，所以大都是屬於老師、教授、學者形態；而「象術」學派者，朝向於術的運用，因此就比較不具形象，而是專攻於術的運用，其對人事物而言，大部分都會用預言方式，言當事人未來的方向，及幾年會如何？

其實不說幾年或三年內會如何？單單是一年之內的變化就很大，所以言大運，或三年內，或是將來會如何，其實都是當事人的一種迷失，然而這切是象術學派者貫用的術語，所以說他們時常用到辭彙，就比較會有「幾年以後，或以後會如何」、「可能會如何」、「要注意什麼」、「要注意子女、老公、老婆」等等包山包海的邏輯方式。

故二者除研究方向不同外，在外觀形象穿著表象上差距也是很大，但實際上「象術」學派者，是比較容易受到青睞（也就是代表比較有價值），因此一般

人對《易經》追求與學習，就會比較朝向於「象術」學派，但實際上何者為佳，那就見仁見智了，當然最好是能夠「義理」與「象術」兩者兼備，最重要是研究「象術」者的口德一定要修飾，才不會製造更多的業障。

（一）說卦傳第一章：

　　昔者聖人之作《易》也，幽贊於神明而生蓍。參天兩地而倚數，觀變於陰陽而立卦，發揮於剛柔而生爻，和順於道德而理於義，窮理盡性以至於命。

　　「昔者聖人之作《易》也」，相傳說卦傳為孔子所作，故此處所言之聖人為伏羲、文王、周公，當然也包括其他的先賢，如神農氏、軒轅氏等等，包括連山易、歸藏易的作者們；一般皆認為《連山易》與《歸藏易》均已失傳，但在老師個人認為並未失傳，《連山易》是用艮☶（高山）為始，而人最高地方是為頭部，故以象而言，《連山易》是代表一個人的頭部，而頭部代表了人的思維。

　　《歸藏易》是代表隱藏在內部之意，也就是將之熟讀整合，然後透過思維及執行力，將之重新使用出來，而當前大家在用的就是《周易》，因此《周易》

本身其體就代表了,《連山易》與《歸藏易》,所以說連山、歸藏二易並未消失,只是連貫收藏融會於《周易》之中,因此《周易》之周非言周朝,仍指周詳完備之意,故整部《周易》之書,可以說是整合完備之易。故說卦傳開宗所言**「昔者聖人之作《易》也」**,是表明《易經》已由聖人整合完備,不用再往外找尋看不到的連山與歸藏。

「幽贊於神明而生蓍」者,此句中的幽字仍代表隱伏,其與歸藏二字亦有對應之處,而贊字則是通於讚,贊字本身,是由兩個先字與貝字組成,兩個先字,分別代表先天八卦,與後天八卦,其通於讚之意,是代表將隱藏在卦象中的意涵,將之說明清楚,並加以類化運用,如此就能得到,想要追求的事物、結果論(貝)。

以元亨利貞而言,貞字代表最終結果論,而貞字是由卜與貝字組成,而貝字在古代則是代表錢幣,也就是代表有價值的東西,所以說將先天八卦,與後天八卦,透過卜卦方式,加以說明(兌卦)及運用表現,如此就可以獲得,想要追求的東西。

繼之**「神」**字仍代表天,神字右邊「申」字,中

央直豎一劃，代表通天通地（子、午），而橫的一劃則是通東西（卯、酉），而**「明」**字則為日月，代表離、坎兩卦，日月二字組合即為「明」字，所以「神」是在言天、而「明」字，則在言地與人民百姓，突此二字仍代表，在言一切的事物。

所以「神」者天也，「明」者地也，**「生蓍」**二字者，生字代表東方的卯是在成長（前上期言生死二字意涵之時，「生」者是地平面節節高升，而「死」字是將不好東西，置於地平面之下將其化去，所以說生死在一線之間，故在葬字而言，其上之草頭，代表讓其轉身投胎，變為一個生字）。

而「蓍」則是為蓍草，此種植物本身是節節而生，代表通天地、通子午線，而其內部則為中空，據說節數最高者可達五十節，然後將其擷取做為占卜之用，因為透過蓍草可以感應天地之事，故此處之意是代表蓍草，是天地神明所賜之物，能夠做為我們與天地連接感應的道具。

剛剛同學言其新建房屋時，有喜鵲飛來且有黑狗前來跋土，此一現象代表此地是神明指示之地，何以有此言說呢？因為喜鵲由天外飛來代表天，而黑狗前

來跋土代表地,前述「幽贊於神明而生蓍」,言神明者仍天地也,因此由此象而推之,代表此土地是由神明所指示而來。

「**參天兩地而倚數**」,「參」字也可代表為3,「參天」者也有仰觀天空之意(參看、觀看),一般而言奇數代表天(陽),偶數代表地(陰),而「參天兩地」其數相加為五,即一、二、三、四、五,數中一、三、五者為陽數,二、四為陰數,故一、三、五為天,而二、四兩者為地。另有一說乾由三個陽爻組成,而乾為天故三為天數,而坤卦由三個陰爻組成,共六畫每爻二畫,而坤為地,故二為地數。

天數的基本在於三,而地數之初在於二,因此將天數一、三、五相加得九,故陽數用「九」,將地數二、四相加得六,所以陰數用「六」,故卦劃的爻位,陽爻用「九」,陰爻用「六」。

其次天圓地方,而天是圓的,代表乾卦,所以是天行健是自強不息,而其又為圓,又在運轉不息,且其外圓,是直徑的 3.14 倍,故也有參天之意,而地「方」者,代表坤卦,是長與寬以各二,言兩地,而參為天數基礎,所以為「參天」,而二代表地數的開

始，故言「參天兩地」。

　　其之所以用三與二之數，因三包含了一與二，而用一只有一，不包括二，而三代表天，於人代表頭部，故「**參天兩地而倚數**」之意，是代表人兩腳立於大地之上，所以「倚」字，也代表頂天立地之意。猶如問題四所述臥室的裝璜，房屋燈管的架設，等都是在言「**參天兩地而倚數，觀變於陰陽而立卦。**」

　　「**觀變於陰陽而立卦**」，陰陽二字，則是代表主客體之意，亦代表在不同時間該有的融入。譬如問題四的居家是以環抱比較好，如此才能獲得寧靜的環境，而反弓則有君子以自強不息狀況，因而是忙碌的情況，是沒有辦法穩定及獲得安逸，但如果從事生意，那就沒有關係，因為做生意就是要動。

　　由此也可引伸，從事於業務者，其後不要有靠背，而是需要空，如此就會坐不住，會往外拚業績，相反的行政人員，就須有靠背，如此才可坐得穩坐得久，就些就是「**觀變於陰陽而立卦**」意涵，也就是依不同陰陽屬性，做不同的剛柔配置，利用陰陽力量，來讓生活或事業更為通暢。

至於「**發揮於剛柔而生爻**」者,「生爻」二字,亦可言與人互動的情事及陰陽一體兩面的對待,代表該剛則剛,該柔則柔,如此才能與人產生互動,而有良好的人際關係,一卦六爻,而易卦的理則之中,三即代表多,故六者,當然也是代表多之意,故能瞭解及運用剛柔之理,就可產生源源不絕的能量,如此就可獲得更多的客戶,及與人有良好的人際關係,讓生意或生活能更為順暢。

　　「**和順於道德而理於義**」者,是代表可以更上一層樓,德字者左邊為彳代表為行,上十代表天地,中為四代表四時(春夏秋冬),下為一心一意,故德字者,代表行合乎天地四時之道,一心一意做人該做之事,就能夠有所得(德),故每日進步一寸,就能夠有所獲「得」。

　　「**和順**」也是代表喜悅之心,故也代表兌卦的喜悅之意,順字左邊川字即言順暢,也就是走該走的道路,做該做的事,義字者,上為羊,而羊者是代表為好的東西,如羊下為大,則為美,而好的東西,我該得多少就拿多少,也就是自己該得的才取之,如此才是為「義」之理,若把好的東西佔為己有,就會產生有金的銳字,代表有利益的對抗,因此就會引起糾葛

與糾纏的爭端。

　　「義」字也是西方的酉金（仁為東方木、禮為南方火、義為西方金、智為北方水、信者中央土），若金加上兌字，則是太過於尖銳，所以必須用柔的，和順喜悅（木的情性）來疏理（禮、履），才能達於義，而理者，也為春天之氣，是慢慢的穩定在成長，是由東而慢慢運行到西方，從東方的種子萌芽，慢慢成長到西方，結成甜美的果實，如此才是「和順於道德而理於義」的意涵。

　　「**窮理盡性以至於命**」者，「性」字左邊之心旁三劃，代表三綱（君臣、父子、夫婦），而生字五畫，代表五常（仁、義、禮、智、信），也可代表春夏之氣，而「命」者，仍代表秋冬之時（命字之口為兌卦，為秋天之氣，而卩字則代表貞字，是為冬時之意），所以性命二者是在言，三綱、五常或春夏秋冬的四時之氣，也是可說是在言陰陽五行，與四季的輪迴之氣。

　　所以此章節所要銓敘的，是聖人作《易》，生著、倚數、生爻，觀變於陰陽、剛柔之位，做為立卦之原則，及窮理盡性的重要與功用。透過陰陽爻之互動，產生的吉凶悔吝。

（二）說卦傳第二章：

昔者聖人之作《易》也，將以順性命之理。是以立天之道，曰陰與陽；立地之道，曰柔與剛；立人之道，曰仁與義；兼三才而兩之，故《易》六畫而成卦。分陰分陽，迭用柔剛，故《易》六位而成章。

起頭亦再重複第一章說法，在銓敘讚嘆作易的聖人，在六十四卦的大象辭之中，所言的君子以、、（如乾卦君子以自彊不息）或先王以、、（如觀卦先王以省方，觀民設教）后以、、（姤卦的后以施命誥四方），這些都是在言聖人們，然後言「**將以順性命之理**」，即是順著春耕、夏耘、秋收、冬藏，元、亨、利、貞的四時而作。

繼而「**是以立天之道，曰陰與陽**」，是在說明六爻卦之組合與定位，因為六爻卦，最上的二爻為天（三爻卦者，則是最上一爻），如上述言「連山易」者，是在言我們的頭部、思維，而「歸藏易」者是為腹部，也是代表隱藏於，我們內部的心理想法，然後我們透過學習整合，而把他展現出來，此就是「周易」所以《易經》也是在言統治之學，透過《易經》六十四卦的原則與原理，作為人生的各項準則，尤如孫子兵法最高原則，就是彼此未傷一兵一卒，而能大獲全勝，

達到彼此整合而最後消弭於無形，其實這也是《易經》的最高原則。

　　所以天代表山，也就是最高處，在人而言代表頭部，因此天是在言陰陽，也是代表日月、白天、晚上、明與暗，故說「**是以立天之道，曰陰與陽；而立地之道，曰柔與剛**」，地者指六爻卦最下的二個爻（三爻卦者，則是最下一爻），而地者是在言柔與剛，柔者，是代表能用之土地，即比較低處之土曰柔，反之較高者則曰剛，也就是高山峻嶺之處，而柔、剛也是在言戊、己土，也就是艮、坤之道，故說「**是以立地之道，曰柔與剛**」、高與低。

　　「**立人之道，曰仁與義**」，人者，是指六爻卦，中央的二個爻（三爻卦者，則是中央的一爻），故人是頂天立地，頂天曰剛，立地者曰柔，而人之思考與作為，仍在於仁與義，而仁者是在陽位，是代表震卦是為甲木，木為震☳代表一陽動，即是要有行動力與執行力，並秉持仁者之心，而義者，仍是以柔性之道，僅取自己該得之物，而不逾越，故於人在言仁與義，即是我們所說的東西之線；買東西、賣東西，君子愛財取之有道。

繼而「**兼三才而兩之**」，三才者仍天、人、地之謂也，而兩之者是在言，每才有二爻之意，所以說天有陰陽，而人言仁義，於地則是柔剛，《易經》六十四卦的組合，每卦都是用六爻劃組合而成，而爻有分陰、分陽，而其使用則是柔與剛，所以說易六位而成章。我們所研究的六十四卦，就是透過這些現象組合而成的制度典章，而形成人生的大道理。

　　《易經》所言的「**故《易》六位而成章**」，六位是在指易卦中的六爻劃而言，而此六位與乾卦的「**六位時成，時乘六龍以御天**」，兩者意義是不同的，但一般的學者，都將二者用在解釋每卦的六爻，其實乾卦的「**六位時成，時乘六龍以御天**」是在言乾坤二卦以外的六子，即乾坤二卦以外的其他六個卦（震☳、巽☴、坎☵、離☲、艮☶、兌☱）。

　　「**時乘六龍以御天**」，是在言身為一個領導者，須懂得責任分工，而非凡事親自為之，就如乾卦九五，他所代表的是能力很強之人，所以「飛龍在天，利見大人，象曰：飛龍在天，大人造也」；其利見大人者，就是在言須有好的幕僚、伙伴與部屬，才能協助他來治理天下，而非由自己獨攬一切，而且除此之外，也必須好好培訓幹部、接班人（大人造也）。所以

此六位時成，與說卦傳的六位而成章，兩者六位之意是完全不同。

有的易經書本僅有卦爻辭，而沒有大、小象辭或象傳，其實當卦辭、爻辭對卦意，解釋不太完整或清楚時，就須透過孔子所做的大、小象辭或象傳的延伸解釋，才能更瞭解卦中的意涵，要知道卦爻辭，就是當時的語言，他用辭簡潔，與現代用辭，雖有部分共通之處，但是所代表意涵，有時切是有所不同，例如坤卦所言西南得朋、東北喪朋，其中「朋」字用法，用現在的詞彙則與朋友兩二字相通，即單獨朋字就含蓋了朋友二字。

然而在卦辭中「朋」字的真正意義是為領導者，也就是有「鵬」字之意，故坤卦象傳才言：「西南得朋，乃與類行；東北喪朋，乃終有慶」，即本身只要由西往南行走，就可以成為領導者(離火)，而由東往北走時，火的能量就會不見，就會喪失成為領導者機會，所以西南與東北者，並非是名詞而是動詞，要知道乙木（卯木）在西南方未、坤、申之宮位，是可以快速成長，如在東北方艮卦的寒冷之位，則會受損；由此也可知朋字，也是可以代表甲乙木。

在《易經》運用上可以透過不同的工具來解釋，所以只要個人理解多少就可以解釋多少，並沒有固定的版本，但在解釋上必須符合大自然情性與邏輯，不可違背大自然理則與原則。這就是在原始《易經》版本中及古書籍中，為什麼都沒有加入標點符號？其最主要是讓研習者，在不同的時空當下，所領悟出的不同情境，再來標示。

附註：

易卦六爻所謂「當位」、「不當位」、「得正」、「失正」之意：

◎易卦每卦六爻，有陰陽之分，初、三、五為奇，為陽位，二、四、上爻，為偶，為陰位；凡陽爻居陽位，凡陰爻居陰位，均稱「當位」或「得正」，凡陽爻居陰位，凡陰爻居陽位，則稱「不當位」或「失正」。當位之爻，一般象徵符合正道，反之則象徵違背正道，但此並非絕對標準，「當位」與「不當位」，只是吉凶與否的因素之一，且兩者在一定條件之下，可能相互轉化。

每卦六爻之中，第二爻為下卦的中位，第五爻為上卦的中位，居於中位之爻謂之「得中」，凡陰爻居二位，陽爻居五位，則謂「得中得正」，為中庸之道是

為美善的象徵，在《周易》的爻位之中「得中比得正」
更為重要及優越（但亦非絕對標準，也只是吉凶與否
的因素之一而已）。有時陽居陰位、陰居陽位反而是
一種剛柔既濟、陰陽調適的現象，才不會過剛或是過
於優柔寡斷。

宇宙間的符號(易經四)第二講 (2016/09/14)

一、問題與解說

(一)何時是祭祀祈求神明或祖先最佳的時刻?

在上一學期第十三講中(2016/06/01),曾說明祭祀的重要日子,以及祈求方式,故原則上老師還是建議以酉日的酉時為宜,本月剛好又是酉月,因此以本月的酉日、酉時是所有能量最強,用酉日、酉時原因在於他是日、夜交替的時刻,或許同學也會問,寅時也是日夜交替時辰,何以不用寅而用酉,其寅時也是很好可用,但因寅時太早(凌晨3到5時)起床不易,況且用酉時(17時至19時)祭祀,當完成祭祀之後,可將祭祀物品,供為晚餐食用,因此才會建議用酉時。

至於祭祀次數,原則上以三次為一單位為佳,因為三代表能量在持續,也因有此持續力,如此天也會受感動而協助之,至於所要祈求事項為何,只要是合乎公平、公正,合理、合情,且不違背法令與世俗的原則,如此必可達到祈求願望而心想事成。(用三的原因請參考2016/09/07第一講第六頁及第七頁)。

（二）八字日主為庚寅者言可得妻財，但何以結婚時 對方並無甚多嫁妝？

在八字學中妻者即是為財星（我剋為財），算命師此言可見其能以善導人，同時也代表其是有德行，然而實際八字為庚寅者，寅即為庚之財星，所以言可得妻財也沒有錯。

此象日主庚寅者為天雷无妄卦☰☳，而无妄者並非如雜卦傳的言「災也」，而是說在沒有慾念之下，順其自然就可得該得之利益，言妻財並非只有豐厚嫁妝才是，若整天想豐厚嫁妝，反而是沒有辦法獲得妻財，而是要善待妻子，且兩人好好的努力，如此就可創造無限財富，老天也會自然而然會給予財富；再由八字上而言。寅木也是代表慢慢的在成長，樹的成長無法快速，所以說財富是慢慢的累積而成，故不要只見有形，而不見無形力量。

二、說卦傳第三章：

天地定位，山澤通氣，雷風相薄，水火不相射，八卦相錯。數往者順，知來者逆，是故《易》逆數也。

說卦傳的第三、四兩章，都是在說明先天八卦，隨後第五章才論後天八卦，故在第一講中對幽贊中的

贊字，言有兩個先字並分別代表先天八卦，與後天八卦的意義也就是在於此。

　　開始的「**天地定位**」，是在言乾卦（天、日）與坤卦（地、月），當然也包含離、坎所代表日，月；因此天地定位是含蓋了四維所構成十字線（上乾、下坤、左離、右坎），故說天地定位也是掌握乾坤，以及在其中運行的日、月，因此整體是在言，由十字線所構成的四維，因此有了天地定位，四時也就隨著而形成，故當後天言坎、離之時，也是在言十字線，因日、月也是代表乾與坤在運行，然後隨著日月的運行，因此就能生養萬物。

　　天與地兩者雖是構成天地否卦，但因所有的卦都相錯之情，以乾坤兩卦而言，就代表彼此是陰陽相錯，雖然兩者組合成卦為天地否卦，但因八卦每卦都有相錯之情，故天地否卦相錯後，就成為地天泰卦。本章雖言先天八卦，但依上述每卦都有相錯情形，故雖只言先天八卦，但在推理上還是要再經過八卦的相錯，「**數往者順，知來者逆，是故《易》，逆數也**」，就是代表卦必須上下、左右易位。

　　由「**天地定位**」構成之天地否卦，在十二辟

卦中是為農曆的七月卦，在農曆七月而言，是為萬物茂盛即將秋收之時，否卦卦辭言：「否之匪人，不利君子貞，大往小來」，要知道否卦之時空，也是由春耕、夏耘，才到達的臨秋收之時，然臨收成之時，就容易引起盜寇覬覦，故否卦▆▆▆時空是代表萬物興盛長到極點要收成之時，但以象而言，否卦同時也有雷天大壯卦▆▆▆之象。

　　以雷天大壯卦▆▆▆而言，上卦震卦為東方代表寅木（一月），而下卦乾卦代表申月，而申也代表七月方位為西方，所以由寅木（一月）成長到申金（七月），也是經由春耕、夏耘而來到臨秋收之時，故說天地否卦含有雷天大壯卦之意。

　　八字之中如有甲申者，尤其是在日柱之位（因甲代表地支的寅木），如果其身體高大，就常會有意外之災，因為其有樹大招風之象，反之體形短小精幹，比較可以勉於災難，猶如低矮樹木，比較不會受颱風肆虐，這就是甲申（雷天大壯卦▆▆▆）所代表現象，故天地否卦▆▆▆時空是在告知，臨收成之時凡事必須低調，就可躲過劫難，若不低調就容易遭受禍害，因而前功盡棄。

然而上述亦言八卦相錯，因此如何將否卦轉化的天泰卦▉▉，申月在十二辟卦為天地否卦▉▉，而寅月則為地天泰卦▉▉，故其重點只須將申轉化為寅即可，因此兩者間之運行過程，也是言四維的十字線，所以說卦傳第三章是反復在言十字線，及先天八卦彼此交錯運用（錯者代表陽變陰，陰變陽，所以說乾一錯為坤卦，而錯之相對者為對，而對的相對者為錯，所以錯對也是代表一陰一陽之互換，即陰陽交換之意）。

　　以《易經》六十四卦排序而言，最後一卦為火水未濟卦▉▉，若依上述情形而論，此卦也是在言「**天地定位**」，因後天的離卦是先天乾卦之位，而後天的坎卦是先天坤卦之位，故到了《易經》的火水未濟最後一卦，還是在言天地定位，故可知《易經》從第一卦到最後一卦，都是在循環「**天地定位**」之意，由此可知天地間是繼續不斷的在運行，這也才是「**天地定位**」真正意義。

　　一般人對於八字，或是卜卦對應的天干地支中，都不想要有沖剋的情形，且都認為沖剋是不好的狀況，但是依本章對沖剋論法，沖剋者並非就是不好，反而認為沖剋是相輔相成，這可從本章所言的「錯」

字之中而會意，因為只有「錯」才能相輔相成，而且也只有錯才能夠「**知來者逆**」，也就是要知道未來，就必須用「錯」，故「錯」也是代表未知，也是一種陰陽的對待，故熟讀《易經》之後，對於八字，或天干地支中有沖剋，也就不會感到恐慌，對所謂的刑、沖、會、合、害等，也不會太過於敏感，要知道「**數往者順，知來者逆**」也，故上述那現象，只是言順逆、相錯而非吉凶。

　　「**天地定位**」之象，也是言一高一低之象，而緊接於後的「**山澤通氣**」（☶、☱），也是在言高低的組合，艮山之卦☶其最上面為陽爻，此一陽爻的屬性，是代表太陽即西落時所剩的餘輝，當然也有至高點的意義，因此就有一高一低的現象，在山澤通氣（☶、☱）而言，也代表高山會形成雲霧，因為有高低故雲霧會從高而下，而構成氣流的循環，當其往低處而流時，就會往澤地而動。

◎談到澤地，先說明澤字之義，澤字者下為辛，他是代表辛苦？還是幸運、幸福呢？其所代表為何？
　　完全依個人的思維角度，在澤字而言左為水、上為四、下為幸，水者代表有源源不絕智慧與錢財（水代表智慧與錢財），四者代表四時，在以方位而言，

澤處於東南方位（辰位），於後天處於西方收成之季，本身有水且溫度不高，是一年四季中，氣候最為和順之時，且辰為春天之季土，是好的土地，時空上是有好的空氣品質，故是花草樹木生長最佳時空，所以他能夠無中生有甲乙木，而澤也代表辛金、兌卦，而甲乙木又是兌卦的財星，金剋木，我剋者為財。所以說澤字是代表，一年四季都很幸運，且有源源不絕智慧與錢財。

故澤字之中的幸字，代表幸運幸福，而非辛苦；人生而言付出者，並不代表辛苦，因能付出代表自己有力量與能力能施之於人，這是代表自己是真正的幸運，而一直得到他人幫助，也不代表是幸運，反而是代表有缺陷，因有缺陷才需不斷獲得他人的協助，所以說澤中的幸字代表幸運、幸福，故澤字是一個不錯的字根，代表智慧與金錢。

「**山澤通氣**」組成之卦為山澤損卦☶☱，其損在澤，如前述的八卦相錯，則其錯卦成為澤山咸卦☱☶，相反若是澤山咸卦☱☶，則其一錯也成為山澤損卦☶☱，故為山澤損卦☶☱或澤山咸卦☱☶，兩者還是一直的在循環，所以說付出不代表損，獲得利益也不代表得，即得中有損、損中有得，這也就是「**山澤**

通氣」之意，故通者是代表互通往來，即在付出之時，暗中會得到利益，而當得到利益之時，無形之中，也是會有所損，因此兩者組成之卦，才會是咸卦與損卦，當然這也是八卦相錯之意。

《易經》的每一個字，都有他的意涵，故八卦每卦並非固定在一個點，故雖言天地定位，但因八卦相錯，故事物是會有所變動與改變，譬如天地否卦，因隨著地球運轉，形成八卦相錯的地天泰卦，也因為地球的運轉，讓地球有生命，所以有相錯才有生命，不相錯則生機不見，故才有否極泰來，當然泰極也會否來，這就是相錯之現象，故地球是不停在運轉，並不固定在任何一個點上，相錯者也是代表一種生命。

譬如八字日主為戊土，而月柱或時柱旁有辛金者，其組合就是山澤損卦，又如為戊土且酉時出生者，對於宗教則是很虔誠，而對宗教很虔誠之人，他就會為宗教而捨得付出，故此一現象就有損之象，但如以不同角度與觀念來轉折，相對的又會有不同情況，就成了澤山咸卦了。

譬如經營事業，對員工捨得付出，相對員工也願

意付出更多的產值,所以說雖是損,但之後確又成了咸,由此也可推論,如果八字中有戊土者,其後面時柱如有辛酉,就必須先懂得付出,因有了付出才會有產值,若不願付出錢財還是會不見(也就是付出在其它地方),所以知道為損時,就要想辦法把他變成咸卦,如前述對員工捨得付出,如此員工就會有所感,而對公司事務就會更加的努力,所以雖為損但最後也是獲得回饋。

故以「山澤通氣」而言,是讓自己在損之時,透過損之道而變成咸,這也就是運用八卦相錯之道,能隨著天地的運轉,讓損到最後會成為咸,反而回來回饋自己,唯要瞭之的是回饋意義,並非完全是所預期或設定事物,因為有心之感,其結果就會不一樣,要知道咸字,是無心之感,所以當心用得太多,就會成為「憾」字,也就是太過於用心,代表想法太多,那就會成為終身憾事,故八卦相錯者,也不可停留在固定相同的一個點。

「雷風相薄」者,雷風是代表有形的生命,天地定位與「山澤通氣」,是在言自然的現象,當然雷風相薄,也有自然的現象,震☳雷屬陽木、巽☴風屬陰木,但因在五行之中,只有木有生命,而且木也可代

表是想要獲得的利益，故木可分別代表生命的現象與生命的延續。

有同學提出巽卦為風，地支申代表天干的庚，而庚與申也言氣流與風，那如把巽風轉為天干地支，則成為乙與卯的象，但庚、申與巽風也代表氣流，如此兩者是否會有衝突？因此要如何取捨？兩者是分別屬於那一種氣流（風）？

其實要瞭解其何屬，在「雷風相薄」的宮位之中，就已表現而出，在先天八卦巽宮宮位，為未、坤、申，所以巽與申是同屬性，而庚、申在天干屬性為風為氣流，如颱風之氣流即為申，而庚金長生在巳，因是剛剛長生，其只有正三的能量，因此氣流不強，且在農曆的四月，為庚申之氣初形成之際，故比較沒有感覺，因此只是和風而已。

庚金長生巳但經過了午、未到了申，其能量變為正六的申（參考老師所著年曆23頁十二長生表），故先天的巽宮，其長生是在巳，而巳是後天巽卦之位，所以後天巽卦之位是為和風，而先天的巽宮宮位，是經過了午未到了申，能量就變為正六，因此變成了颱風，因此說巽卦同時，具有此二宮位之氣，故其代表

卯與申之氣，此二個氣亦稱之乙庚合，在乙庚合而言，是期待金的出現，而金也是風，所以此二者屬性，也是在言風，言傳播之氣，而二者宮位，一個是先天巽宮、另一個為後天巽宮。

所以在天干地支屬性，與八卦的屬性是相同的，是為同氣，要知道在大自然的氣流現象上，不會有兩套標準，只是因他透過不同文字、符號來表達與銓敘而已，但兩者作為則稍有不同，後天的巽言其生命力，而先天的巽，則同時具備了修護的能力，因樹木遭狂風暴雨會有所折損，而受損之後並非就一厥不振，而是會再冒出新芽，這就是先天巽的修復能力，故二差別一為生命力即生命的延續，一為修復能力，即古德所言：「上天有好生之德」。

「雷風相薄」中的「相薄」，也代表一種刺激及相互引動之義，前也曾述及果樹不開花結果時，釘上釘子就會開花結果，目的是讓其感受到生命遭受威脅，因此必須傳宗接代以為生命延續，因此就會開花結果，這就是一種「相薄」之意。

譬如甲、乙木兩者，在六神法中互為劫財，這也是「雷風相薄」之象，因兩者互為引動，才能創造甲

乙木的茂盛。其象就是甲木震☳（大樹幹），提供養份與水份給乙木巽☴（小樹幹及樹葉），即雷提供養份給☴巽，然後巽吸收震的養份，構成兩者的相互引動，因為巽也是代表風與乙木，故震巽兩者也具有同屬性現象，至於巽何時代表風，何時代表乙木，則瑞看所問問題之屬性。

　　巽☴何時代表風，何時代表天干的乙木，以小孩前往中國學習插畫為例，此一問題就同時具備了乙木與巽☴風之象，因是如何知道中國大陸，有好的插畫可以學習？

　　是因為透過了資訊的傳播（風）而瞭解（譬如天風姤卦☰☴的大象辭：天下有風，姤；后以施命誥四方，表示透過文字資訊的傳播，將命令傳達至全國），而前往學習是否可以成功，則是必須透過乙與卯，資訊來自於風傳播，而學習可成或不可成，則來自於乙與卯，此時教室外天氣，是稍有陽光與和順微風，此一情形不但不傷乙卯，反而是乙木生長的好時刻，故他是可以在很好的環境之下，學到其所要學習的學業。

　　此例即是透過風（巽☴）的傳播得到資訊，然而

乙卯木雖然沒有辦法，在大陸那邊吸收到水份與養份，但透過了現在的天氣（動爻）現象，則形成了有利的成長環境，故說可以學到其所要學習的東西，故巽☴何時為風，何時為乙、卯木，完全依問題所在而言，也就是八卦所有的現象它都完全存在，只是切換的不同而已。

另外也有因文字對現象解說不明，因此引起對卦名取捨謬誤，如**繫辭下傳第二章中言**：「**上古穴居而野處，後世聖人易之以宮室，上棟下宇，以待風雨，蓋取諸大壯，古之葬者，厚衣之以薪，葬之中野，不封不樹，喪期无數。後世聖人易之以棺槨，蓋取諸大過**」。

因此大部份的學者其觀念與講法，都認為棺槨就是澤風大過卦☱☴之象，其實這就是對文字解說不明，而引起學理上的錯誤，何以此言，因繫辭下傳後續言**「後世聖人『易之以』棺槨」**，故應是見了「**葬之中野，不封不樹**」之象，感覺如此是對先人不敬，因此改以棺槨，所以才稱之為**「蓋取諸大過」**，所以澤風大過卦☱☴之象，就是**「厚衣之以薪，葬之中野，不封不樹」**之象。

　　澤風大過䷛大象似坎水之象，上下之陰爻為泥土草叢，中間二、三、四、五的陽爻為大體，在荒野中受到風雨沖刷破壞，大體流入大河、成水流屍，如此對先人不敬，而後用「棺槨」。

　　「棺槨」兩字代表外槨內棺，是為雙層棺木，以前為官者棺木為雙層，一般百姓則只一層，所以應該是先見到了澤風大過䷛這個卦，然後**「易以之」**再取用「棺槨」為象，若以「棺槨」為象者，則應該是山雷頤卦䷚，因此卦象才有外用物品，將其中東西包藏掩蓋。

　　故「棺槨」卦卦意就是以卦取象，即看到了大過的卦象（外在的葬之中野自然現象）之後，才反過來**「易之以」**思考應如何來做為，也就是透過這個象來延伸那個象，然而大部份的易學研究者，並不如此思考而直接言澤風大過卦䷛為棺槨卦，若要真論其實「棺」就是山雷頤卦䷚，因山雷頤卦其象是用東西將屍體包裹掩蓋，而且頤卦的大象似為離卦，而離也代表香火傳承的丁火之意。

　　但此卦之象只是單層的棺，若為雙層的「棺槨」者，則就是風澤中孚卦䷼，中孚卦大象為離卦☲，

是代表巳火，就是香火傳承之意，其象中央的兩個陰爻 **▅▅** 為往生者，然後再用雙層東西將其包裹起來，由這些象來反推，澤風大過卦 **☱☴** 並非棺槨卦，而是葬之中野之象。

　　故是看到了澤風大過卦 **☱☴** 的象，認為人不可「葬之中野，不封不樹」，對往生者不敬，應使用「棺槨」才是對往生者尊重，故因是見了「葬之中野」之象，認為用棺槨維護屍體，避免遭受傷害，以及對先人的敬意。所以才言「**易之以**」棺槨，蓋取諸大過，故棺槨非大過卦之象，而是見了大過卦之後，才「**易之以**」棺槨。

　　又如「**上古結繩而治，後世聖人易之以書契，百官以治，萬民以察，蓋取諸夬**」而言，以「結繩而治」者，是以結繩方式來發佈命令，以實例而言若打一個結，官、民就知道其意，這是不太可能的事，因打結方式也沒有辦法瞬間傳佈，所以後世聖人是看到了結繩而治的夬卦 **☱☰** 之象，「易之以書契」發現若將夬卦倒轉（因將物品倒轉時，還是原來的物品，不會因倒轉就變成他物），其象變為天風姤卦 **☰☴**，而下卦巽代表繩子、柔軟、軟毛、風傳佈、佈達，上卦為乾卦，而乾有一結一結之象，也為一立杆之象，乾卦的

「天行健」，金生水，沾濕了巽卦之柔物軟毛，不停飛舞，因此就形成是透過書契、公文、發佈命令來治理國家。

　　所以他是透過澤天夬卦☱☰的象而成；接著也透過夬卦之象，發現用兌（金也可代表刀）不停（乾卦的天行健）的來雕刻，速度也太慢，而且也是不敷所用，因此發現若將其反向，如此就猶如一支毛筆（乾為筆杆，巽為筆毛），以筆寫字成文書，然後透過巽風的資訊傳播發佈，（天風姤卦大象辭：后以施命誥四方），如此就**「能百官以治，萬民以察」**（百姓瞭解、查詢、遵守的規章、法條）。因此言**「易之以書契」**蓋取諸夬。

　　因此**「上古的結繩而治」**是在言澤天夬卦☱☰，而後世聖人**「易之以書契」**，是在言天風姤卦☰☴，但很多學者在研究時，往往會被文字所誤導，而產生謬誤；另外要知道夬卦是透過合約來保持利益，夬卦上卦兌為辛金，下卦為乾為庚金，而庚金之氣會去除辛金之氣，所以「夬」代表會把原來的利益剝奪，所以為了保護利益，而**「易之以書契」**，必須透過文書合約來保護夬卦，而非「夬」字即代表合約。

因此要知道「**易之以**」這三個字,即是後世聖人透過了卦象,而改變原來卦象本質方式之意,故對《易經》文字與符號,有時必須用錯卦(背後看不到的影子)、綜卦(從另一個角度)、上下易位(換個立場)方式加以運用,因此才有「八卦相錯」,而「易以之」就是相錯之意義。

「**天地定位,山澤通氣**」,是在言大自然的景物與情性,而「**雷風相薄**」,則是言有生命的東西,相薄更是在言陰陽交媾的生命的延續,「**水火不相射**」者,則是代表水火相輔相成,水火同時也是代表日月、坎離與乾坤,所以說「**雷風相薄**」,是在言有生命的東西,而生命(震木)延續則必須納有水火之氣才能維續,因此「**水火不相射**」,也代表丙、壬的關係,是日出而做日落而息,隨著大自然的情性而動,且不相射也代表互不相破壞。一般都認為水滅火(言物象),但日月的道理,並不言破壞,而是在言相輔相成,故天地間的八個氣必須交互運用,才是真正的「**八卦相錯**」。

先天八卦的方位若由震卦起算,震始於東北,然後向東為離卦、東南為兌卦、南方為乾卦,西南為巽卦、西為坎卦、西北為艮卦、北方為坤卦,為一個圓

周 360^0，但而其八卦的次序形成為乾 1、兌 2、離 3、震 4、巽 5、坎 6、艮 7、坤 8。

　　而震位☳為一陽生，離☲為二陽分開，兌☱為二陽聚集在一起，而乾☰為三陽，所以其氣由震開始是一直在提升，以八卦形成次序而言由乾卦開始到震卦為順走（1、2、3、4），若由震卦再回乾卦（4、3、2、1），代表是走回原來走過的時間與空間，也可說是人生走過的過去，而走過去的一切，當然是明明白白，所以是顯現的故也為陽，所以說由震的一陽生到乾的三陽，這種往回走的情形，就是所謂的「數往」者順。

　　如果以整個八卦次序而言，由坤 8 再往返走回到乾 1 時，代表走回過去走過的時間與空間，因此也稱之為**「數往者順」**，若現處於震卦之位，如此由震 4 往前走（順時鐘方向），經離 3、兌 2 到乾 1 時的順走，代表 1、2、3、4 都已經走過，而現為已到乾 1，再往前由巽 5 到坤 8 則是尚未走過，而尚未走過的地方當然是未知，的所以是為陰，這即是所謂的**「知來者逆」**（數往二字代表數與往，數者為八卦之數，即由震 4、3、2、1、5、6、7 到坤 8，而往者 4、3、2、1 順，知來者逆 5、6、7、8 代表回到 8，此是一個圓的循環）。

綜上而言未曾走過的時間與空間,所代表的就是未來之意即是「**知來者逆**」,若是由乾卦 1 開始另一個軌道而行,則往前推移隨的兌 2、離 3、震 4 此為順,及其後續巽 5、坎 6、艮 7、坤 8 的各個階段的時間與空間,都是未知的未來,此即稱之為知來者逆,所以由原來的點往回走為「數往」,而向前推移者,即是「知來者逆」;以上所言就是順逆之數,及其運動方向,所以整個太極之氣運動,是由 1 開始走到 8,然後再由 8 回到 1,是不斷的在循環運行,因此就形成一個倒∞字的無限大之數(數學中的倒∞字就代表無限之意)。

老師當初設計兩儀(陽、陰)牌卦排列,也是依據上述原理,現以兩儀牌卦卜卦方式為例,卜卦者抽第一張牌時是代表主體,即代表是已知的事物(卜卦者目前現象),而已知的事就是「數往者順」,而也代為陽故置於面對左手邊(離卦☲之位),而第二張牌代表其對應關係,也就是所要瞭解的未來之結果,因為未來是目前不可知的事物,而未知的事即所言的「知來者逆」,而未知者也是為陰,故置於面對右手邊(坎卦☵之位),此抽牌卜卦放置方式,就是配合上述之氣運動原理與太極逆數之意。

　　若以一圓為太極（無極），當此圓有了陰陽二氣，代表即是有了兩儀，也就是將圓圈各分一半，一半為陽一半為陰，所以由無極到二儀，一半為陽爻一半為陰爻；然後再圓圈分為四象時，則左下方由一陽爻，再生一陰爻、左上方一陽爻，再生一陽爻，右下方一陰爻，再生一陰爻、右上方一陰爻，再生一陽爻；此即是左下的少陰 ⚏ 、左上的老陽 ⚌ 、右上的少陽 ⚎ 、右下的老陰 ⚏ 。

　　若再分為八方，左下方最下方者，再生一陰爻為震卦 ☳ （東北），上者再生一陽爻為離卦 ☲ （東），左上方下方者（東南），再生一陰爻為兌卦 ☱ ，上方者，再生一陽爻為乾卦 ☰ （南）；右下方的下方者，再生一陰爻成為坤卦 ☷ （北），上方者，再生一陽爻為艮卦 ☶ （東北），右上方下方者，再生一陰爻為坎卦 ☵ （西），上方者，再生一陽爻而成巽卦 ☴ （西南），這即是八卦構成的方式與方位。

　　然而許多的易學研究者，對代表春夏秋冬的四象，在論述時往往把春秋兩季位倒置了，以上所言四象之構成，左下方由陽再加陰，是陰比較少，故稱之為 ⚏ 「少陰」，而此宮位是為春天之始；左上方由陽加陽，陽到極點稱之為 ⚌ 「老陽」，是為夏天；右下

方陰加陰，陰到極點稱之為 ☷「老陰」，是為冬天；右上方由陰變陽，故陽比較少，故稱之為 ☳「少陽」，而此宮位是為秋天之始，然而目前坊間書籍，對四象論述都是少陰 ☵ 代表秋天、少陽 ☳ 代表春天，然而依四象生成方式，此種論述確有倒置情形。

　　依上述四象排序，震雷木是一陽初生，原本代表少陰 ☵ ，當再加一個陰，才為一陽初生的震卦 ☳ ，且其宮位是為春天之氣，再依上述八卦構成邏輯，可以證明少陰 ☵ 是代表春天，而少陽 ☳ 代表秋天。從**「八卦相錯，數往者順，知來者逆」**，再延伸到四象的寫法，可以說《易經》中的每一個字、每一個象，都是有其內涵，我們可以透過這些內涵來反推，每一個字、每一個象，也由此反推中，可以發現很多論述都有謬誤。

　　《易經》之逆數(知來者逆)，目的就是要推論未來的情況。所以「易」也可代表變化，也可言逆數為易，**「是故易，逆數也」**或未來變化很大，因此未來會有變卦(變數)、綜卦(站在不同的角度、位置思維不同)其意即在於此。

三、說卦傳第四章

　　雷以動之，風以散之，雨以潤之，日以烜之，艮以止之，兌以說之，乾以君之，坤以藏之。

　　說卦傳第三、四兩章，是言先天八卦，也是言乾坤生六子，所說的「天地定位」，即是從父母卦開始，到第四章則是把父母卦列於後，其前四卦言八卦的自然現象，如設雷以動之，風以散之，雨以潤之，日以烜之，後續的艮以止之，兌以說之，乾以君之，坤以藏之，是在言卦意、卦德。當然言卦或象，其實兩者是交錯運用的，千萬不要拘泥於一。

　　「雷以動」之之象，代表震雷☳是處於厚土（二陰爻）之下，而僅有一陽爻的能量之象，他必須透過了震動☳，才能脫穎而出，而雷之後言巽，因為第四章是父母親（乾、坤）退居於後，將物事交予長男☳（震）、長女☴（巽）等六子來獨立行事，讓其各司其位，所以是由長男☳開創的「雷以動之」，而後繼之長女☴佈達的「風以散之」，中男☵的調劑、滋潤的「雨以潤之」，中女☲的熱情、活耀、普照的「日以烜之」，後續少男☶適度規範、制度的「艮以止之」，到少女☱以溝通取代武力的「兌以說之」；但乾君☰無為而治的「乾以君之」，順承於天大地之母☷厚德載物的「坤以藏之」，道盡了時乘六龍以御天的**「見龍群无首，吉」**。

宇宙間的符號(易經四)第三講 (2016/09/21)

一、問題與解說

(一)可否透過當下的時空卦,來解析瞭解親戚開完刀後,反復發燒發炎,是何原因?

　　當然可透過時空卦,來解析其病情原因,現在時間為105年9月21日8時50分,轉為天干、地支是為:「丙申年、丁酉月、丙午日、壬辰時、辛亥分」。

分	時	日	月	年
辛	壬	丙	丁	丙
亥	辰	午	酉	申

　　現可直接以日主,與時、分關係來分析,日主丙午之象是代表在發炎,然何以會有發炎現象,這就必須看其落點於何處,此組時空中日主為丙午,而丙午是上火下火,火代表發炎、發燒,故說其有發炎、發燒情形,而最後落點在辛亥,因此有丙辛合情形,且午之本氣為丁(丁的溫度是儲存於大地之中),亥的本氣為壬水(亥水是不好的水,亥水也代表細菌),因此又有丁壬合情形。

　　在亥水(藏壬甲)之中,因有前一位戌土的種子

（辛金）掉下來，而種子辛金遇壬水就會開始萌芽幼苗（此處也為甲木長生，但因是剛萌芽，故非言大樹），因此又形成丁壬合與甲己合，可以說是天地鴛鴦合，而亥水也代表細菌，因此說有細菌來作合，故其原因是細菌感染而引起發燒，然此時空卦象之中，丙午與辛亥分中隔壬辰，辰屬土，而此土能夠過濾不好的水，猶如是山上流出來的泉水，是為清澈甘涼之水，代表辰土是能過濾不好的亥水，而成為好用能用的壬水，而且其旁又有丙火、午火的溫度，因此可以將水蒸發，讓水產生循環，因此其發燒情形很快就可退燒，發炎情形也會很快的痊癒（依此研判應該是過了中午就會好）。

（二）在老師使用通關之物時，大都有「木、火、土、金」之物，但何以比較沒有用到水？

　　一般認為火土燥熱，就必須用水來調諧，然而火土燥熱以水調合，就容易產生另外水火交戰情形，如此即表示又會產生另外的一種弊端，所以火土燥熱，老師大都會用寅木來調合，或許同學又會問，火旺之時又用寅木，那不就是木來生火，是火上加火嗎？

　　然而木來生火者，只是代表物象，如離卦稱之為附麗，就是說火必須依附於物，他才能產生燃燒現象，

單獨離時是沒有辦法燃燒的，尤其人者更非是物，因此對人而言必須使用天象。

何謂天象？天象者，就是大自然能量的意思，所以當火土燥熱之時，其降溫就以木為主，然所用之木則必須是寅木，因為寅木是從亥子丑寒冬之氣而來，所以在寅之時是為寒春，也就是寅木雖為春天之時，但氣候溫度還是很冷（寅為農曆一月尚是天冷之時），所以其寒氣還是很重，因此是透過寅的寒氣，來降火土的燥熱，所以就非有木來生火之象，而是以寒氣的方式來降溫。

一般而言當人發燒時，是用寒冷之物來吸熱降溫（如用冰袋包以毛巾），而非直接用水來降溫，這也就是代表使用寅之象，是以寒氣來降火土的燥熱，因此對於水而言就會很少使用。譬如八字有午未合，同時又有丙午與丁未，此一現象就代表火是很旺，此時就會以寅降溫，其原在是因癸水長生在卯，到寅時是正4的能量，而且寅又是寒春有寒氣，因此是以寅的寒氣來降溫，因此在木、火、土、金、水之中，水會少用原因在於此。

另外如採用水來降溫，很可能就會產生，水火

交戰情形，因火水接觸就會產生辛金，即使用水來降溫就可能導致，另一層次的辛金產生，也就是可能產生，另一個弊端之意，有彥云：「羊鼠相逢一旦休」，因為子未在一起，就會產生雲霧，此雲霧辛金就是腫瘤的形成。

　　所以子未六害，子午沖，丑未沖，都是有水火交戰情形，而且都有坤卦依附者，就比較容易產生腫瘤，由此即可知子未與丑未，是比較容易發生腫瘤，同時坤也代表人的皮膚，而坤者為藏，是為藏在人之體內。所以腫瘤會長於何處呢？則視八字排列之處，所代表身體部位而定（通常是以四柱年、月、日、時於人體的部位），所以用水降溫，就容易有這些情形發生，因此比較不用水原因即在於此。

（三）四柱之中有子未者，是否代表皮膚比較不好？
　　　如何改善？

　　四柱中有子未者，皮膚確實會比較不好，至於其改善方法，則可透過運動方式，將辛金排除，原因是子未會產生六害，而六害必須透過火體內的能量，才能加以排除。

（四）屯卦☳☵之屯字是讀（ㄓㄨㄣ）或（ㄊㄨㄣˊ

二聲）？

易傳十翼中序卦傳言「有天地，然後萬物生焉。盈天地之間者唯萬物，故受之以《屯》，《屯》者，盈也。屯者，物之始生也。」因此若讀ㄓㄨㄣ那就沒有辦法盈，因ㄓㄨㄣ者代表困難、危難、難行也，只有ㄊㄨㄣˊ者才能盈，盈仍充滿為多之意，也就是有疊積、儲存、聚集才會多，若為ㄓㄨㄣ就非此意涵，其之所以有多之意，是因為坎為亥，亥之本氣為壬，另外也因有乾陽的陽能進入，才能懷胎受孕，而陽能進入者多，猶如泡於水中種子很多，但真正能夠與卵子受孕者，確只有一個，所以以亥水而言，才能單獨成為水雷屯卦 ☵☳，所以正確上是讀ㄊㄨㄣˊ卦，如此才能符合此卦「屯者，盈也。屯者，物之始生也」的真正意義。

二、說卦傳第四章：

雷以動之，風以散之，雨以潤之，日以烜之，艮以止之，兌以說之，乾以君之，坤以藏之。

第二講中曾言第三、四兩章，是言先天八卦，而第五章則在說明後天八卦，而先天與後天八卦其用意，是來自於第一章「**幽贊於神明而生蓍**」，中的贊字，以贊字而言，他分別代表先天八卦，與後天八卦，而第三章是從父母卦言起，即所謂的天地定位，而第

四章則是把父母卦退之於後，而由長男率六子來發揮，故兩章之排列組合，其比較不同之處，第三章是從天地為宗（父母），而第四章則是震雷的長男開始，而乾坤則退居於後，所以由「雷以動之」起，展現成熟穩定、魄力十足的行動執行力。

　　「雷以動之」：震雷☳卦中第二、三爻都是代表土地，也就是土地相當的厚實，而初爻的陽爻，則必須透過震動，才能破土而出，震雷☳為木，木是有動能、有生命，因而在二陰爻之下還能脫穎而出，所以言「雷以動之」。

　　「風以散之」，代表「風」是傳播之器，然而以巽而言，一般都認為是代表繩子，因此說是結繩記事，但如以結繩記事，則僅能於部落間（小團體）傳送，而無法傳之久遠，若是透過風的傳播，則再遠的地方或處所（國家或大團體）也可以抵達收到，所以用結繩記事其距離很短，而透過風的傳播之器，則可涵蓋更大的地方，繫辭下傳第二章：「上古結繩而治，後世聖人易之以書契…」。

　　然同為巽風，那何時代表結繩記事，何時用作傳播之器呢？有關其類化方式，有時是以能看到的一切

景物而定,或是依當時需求而定,也就是依時空背景之需,而並不拘泥作同一個現象的解釋,所以「風以散之」,是在言較遠的、較廣的地方或是較大的命令,而結繩記事者所指,為小的團體或地方,故兩者在屬性上就會有所不同。

「雨以潤之」者,雨代表天干的癸水而非壬水,其與第五章的「勞乎坎」是不同的,勞乎坎的坎字,則代表為壬水,因此「雨以潤之」,是代表由天而降癸水,癸水才能滋潤大地,而壬水則是川流不息的在移動,因此才有勞者之象,因此兩者所代表意義是不同的,壬水有時很容易破壞事物,所以「雨以潤之」也是在言小,而「勞乎坎」則言大,其象就有「雨」者是為滋潤之象,而「坎」者則是用於灌溉之意,因而兩者也有一陰一陽之分。

譬如水雷屯卦䷂是雲雷屯,水上於天為雲為柔,若是為水那就會是往下而流,而為雲者就能往上而飄,故「雲雷屯」,代表水的密度不足,是聚集在天上,因此才稱之雲雷屯,其也是代表水無法降下來,故《易經》對現象用字遣詞,會依現象不同而有所變化,所以說《易經》每一個字,各有其所代表涵義,故讀易若由經文起手,則不易瞭解其意涵,如能從卦

名的內涵字義及卦象剖析，則可事半功倍，所以學易可先從八字學或紫微斗數，以及屬於時間空間的，天干、地支的數及術開始，甚者也須連接 360^0 周天的方位之學，如此則可更快的深入《易經》的義理，同時也可提升自己學易的層次。

「日以烜之」者，烜代表光亮普照大地，烜字右側的亘字，上一與日，代表日是處於地平面之下，即是日落的夜晚之時，而下之旦字，則是太陽處於地平面之上，是屬實日出的白晝，整體而言，代表太陽不分晝夜在運行，而左邊的火，則是代表不間斷的，在加溫與照射，因此烜字就有亮麗，且不停的在照耀，以及乾燥之意。

「日以烜之」，其日代表離卦丙火，而烜者代表丁火，所以整句而言，則是代表離卦的丙丁，在八卦之中套入十天干時，就產生離、坎兩卦不分陰陽現象，但於此處則有陰陽分別，也就是「日」言丙而「烜」言丁，這是從「烜」字的解析而來，右邊亘字有日落（地火明夷卦☷☲）與日出（火地晉卦☲☷）之象，而亘字左旁有火旁，代表恒溫之象不管是日出或日落，都是有溫度的存在，故其象就是在言丁，因此說離卦☲☲也有丙與丁的陰陽，當然丙丁之意，也是會

因所處時空之不同，而產生變化，如處於白天則為丙，處於夜晚則為丁。

又如「**文在中也**」的文字，其下之义是在言陰陽，如爻字亦同，他是在言陰陽的互換，也就是代表陽中有陰，陰中有陽，兩旁一直在變換之意，如稱他人文章或文采很好，所表示的是此人懂得陰陽之意，因為懂得陰陽之人，才知進退之機，且文一字在一般大眾感覺上，也是不錯的字根，然而在姓名學，學理上對「文」此字批判，確言縛手縛腳，實有讓人啼笑皆非之處。

「**雷以動之，風以散之，雨以潤之，日以烜之**」等，都不言八卦卦名，只是在言其象，而接續的「**艮以止之，兌以說之，乾以君之，坤以藏之**」，則是在言卦，其之所以用不同形態來解說，目的就是要學易者，須懂得陰陽變化之道理，而不要食古不化，拘泥不變，故《易經》用很多不同方法，與思維來突顯其義，如「雨以潤之」，言坎卦癸水，而「勞乎坎」，則言壬水，「日以烜之」，則言離卦丙火與丁火，其目的是在表示此兩者，其陰陽之氣是同時存在的，而非只有單一的現象，或許如說得太明切，則會讓人極限於一點，而不知變通，所以《易經》所代表的意涵，就

是「象」的意境與思維，以及站在不同之位瞭解事情之變化。

　　「**艮以止之**」，直接言艮，而不分陰陽，是直接言止，艮卦☶之爻，由上而下是陽爻陰爻陰爻☶，然而其綜卦，則是震卦☳的陰爻陰爻陽爻，從象而言動的顛倒為止，而止的顛倒為動，以前述震卦是雙層坤土為地厚，而坤土疊疊而上，當然就高聳而成山，而震也言地下之動，而艮者言地上之事物，而艮卦之陽，可以是代表落日的餘暉，艮卦在先天八卦，是為戌、乾、亥之位，而此位就是太陽下山之前，所見到之太陽的餘暉，當然也可言是地上的高物，時間上則可代表將是應該休息之時。

　　艮為高山，當風來之時，則可將其阻之，然艮土是高山之土，因此是不會產生庚金（強烈的氣流），然而一般傳統觀念，確是戊土生金，但要知道天遇山為天山遯卦☰☶，即天遇高山，都要遯而遠之（雜卦傳言遯則退也）何能生金？所以說庚金遇戊土，就是要休息，而戊土也是阻擋、阻礙，所以才有「止」之意，但戊土則是能夠產生辛金，因此才成澤山咸卦☱☶（或山澤損卦☶☱），這也就是陰陽屬性不同，因而產生不同之卦。

「**艮以止之**」，艮之止，則是無法止水，因高山會釋放水資源，故艮之止是在止陽氣，即乾陽的庚金之氣，在第一講中曾述及，連山與歸藏二易並未消失，而是二者是透過不同的方式在銓敘，也就是他已是溶入於《周易》之中，故當學習《周易》之後，能完整的把他運用出來，如此就是連貫了三易，在先天艮卦之位，是後天戌乾亥之位，而乾者代表頭部，而連山易之艮，可以代表是高處，以人而言，最高之處為頭部，故艮可代表頭部。

艮☶為最高點，代表人的頭部，然而如頭部不能運作或思維，那就會空無所有，故在高山之內，就含有代表能夠思維的乾陽，也因有此陽能才能有所作為，就如山天為大畜卦☶☰，即頭部是孕藏了無限的思維、智慧及生機，也只有具備如此的東西，才能稱之為山天大畜☶☰，要知道大者為陽、陰為小，用者為大為陽，靜止者就為小為陰，所以艮之止，是止庚金、申金及乾陽之氣，而非止之於水，因在高山本身就會產生辛金，並釋放水資源。

「**兌以說之**」者，兌之宮位在先天時，是為辰巽巳之宮位，辰是水庫也代表十二生肖的龍，而且辰在四季節氣中，其氣候是非常和樂，其可讓草木穩定成

長，而且天氣又很柔和，是所有大自然景物，最為和順之時，因此說其有喜悅（說者言兌也）之象，故「兌以說之」。

兌卦☱除有大自然的和順之象外，也是讓人有感受到和樂喜悅的情境；兌在後天宮位為庚酉辛，是為成熟、豐收之喜悅；在辰巽巳宮位，除有庚金的微風外（庚金長生在巳，代表庚金的風，才是剛剛開始），更兼具了強韌的生命力，所以外在環境，與內在心境很好之時，故言「**兌以說之**」。

「**乾以君之**」者，乾可以代表主體，而君者是代表乾卦的第五爻，一般都認為陽居陽位，或陰居陰位是好的，而陽居陰位，或陰居陽位，則為不正認為是不好，其實這只是一個方向而已，事實上陽居陰位，或陰居陽位，反而可以是為剛柔既濟，是柔中帶剛，剛中帶柔，其情形有時反而比陽居陽位或陰居陰位來得更好。

以坤卦☷☷第五爻而言，即是陰居陽位，而且其比乾卦的第五爻還好，坤卦第五爻爻辭黃裳元吉（上為衣、下為裳），就代表了有初發之心，且有生發之氣（元），而且其象曰「黃裳元吉，文在中也」，就在

言陰居陽位,即文是來自於陰居陽位之陽,而乾卦第五爻為「飛龍在天,利見大人」,若進入上九爻就為亢龍有悔,所以如要繼續保持,飛龍在天的情境,陽能就須持續而動。

陽能要動就必須有火能量的驅動,此即是火來生金。「利見大人」,此大人就是火,就是責任分工,就是充分授權,就是時乘六龍(震長子、巽長女、坎中男、離中女、艮少男、兌少女)以御天;因此他必須陽居陽位,才能保持飛龍在天能力,如此就表示他是非常的忙碌,不是本身須為大有能力之人,不然他就必須要有能夠分擔事物能力的好部屬,即須任用賢臣,幫忙治理國家,由此二卦就可得知,陰居陽位與陽居陽位,並非是陽居陽位為佳,反而陰居陽位較好,因此才稱之為文在中也。

「**乾以君之**」者,君也是指導者之意,而乾又是人最高處的頭部,故人之全身指導者,就是乾能,而坤者代表身體,所以言「坤以藏之」,即由乾的思維意念,然後透過坤所代表身體來執行,因此坤卦卦辭:「元亨,利牝馬之貞。君子有攸往,先迷後得,主利。西南得朋,東北喪朋,安貞吉。」其先迷後得主者,代表其若超越了乾,那就很容易迷失,故須跟於乾卦

之後，配合乾，做好協助者的角色，才能有所得，即坤之藏，必須藉著乾陽而動，如此才有所謂的**「乾以君之、坤以藏之」**。

「坤以藏之」：在坤藏之義上，是為靜中有動，動中有靜，如不動，則毫無生命可言，而坤藏，其主架構是人身體，人身必須透過陽能，才能產生生命現象，若單獨言坤藏，則只是一種表象而已，故坤上六爻言「龍戰于野，其血玄黃」，若只藏，則不可能有龍戰于野。

「龍者」是在言乾卦的陽能，且此處是在言戌乾亥之宮位，以十二辟卦而論，坤卦是沒有太陽的能量，是處於黑暗之處，是看不到任何東西，也因沒有太陽的能量，因此也就會沒有生機，而此宮位所來生機，就只有亥水，也就是亥水之中的龍，是來自於戌乾亥之宮位中的乾，坤上六爻龍戰于野之意，代表全陰的坤卦，在最後一次延續生命的孕育時機（對男女生理論述，如附註黃帝內經素問篇「上古天真論」說明），必須在眾坤當中，搶得唯一的陽爻（潛龍）以孕育生命。

以小象傳言「戰龍於野，其道窮也」即在言保留

住生機之意，所以坤卦之後接續接水雷屯卦，代表再有震卦長男的後繼有人，否則就將凋零而敗亡，所以龍戰于野，代表是眾陰在爭搶唯一陽爻，坤卦用六言：「利永貞」，其意也在於此，所以在戌乾亥之宮位，於後天八卦宮位，稱之為「戰乎乾」，故龍戰于野與戰乎乾，其意相同的原因也在於此。

　　坤卦上六爻的「龍戰于野，其血玄黃」，其中玄字是隱伏深入，而黃者是為卵子，因此玄黃者代表受孕之意，這也可從說卦傳中的「震為雷，為龍，為玄黃」，而獲得印證，所以是必須得到乾卦才能延續亥水生命，故亥中所藏之甲，即為玄黃之意，而甲也長生於亥，代表是剛受孕胚胎，也就是震木即將萌芽準備脫穎而出。

　　綜上所說「**坤以之藏**」是言其體，而其用則必須有乾能的進入，所以其不能超越乾，而是要緊跟於乾陽之後，因此以坤對乾而言，只是一種配合角色，然而坤卦的真正意涵，則猶如其六五爻爻辭所言「黃裳，元吉」，即代表他實際是掌推了一切，這才是坤卦的真正意義。

三、說卦傳第五章

　　帝出乎震，齊乎巽，相見乎離，致役乎坤，說言乎兌，戰乎乾，勞乎坎，成言乎艮。萬物出乎震，震東方也。齊乎巽，巽東南也；齊也者，言萬物之絜齊也。離也者，明也，萬物皆相見，南方之卦也；聖人南面而聽天下，嚮明而治，蓋取諸此也。坤也者，地也，萬物皆致養焉，故曰：致役乎坤。兌。正秋也，萬物之所說也，故曰：說言乎兌。戰乎乾，乾，西北之卦也，言陰陽相薄也。坎者，水也，正北方之卦也，勞卦也，萬物之所歸也，故曰：勞乎坎。艮，東北之卦也，萬物之所成終而所成始也。故曰：成言乎艮。

　　第五章開始言後天八卦方位，是接續第四章先天八卦方位，最後一卦「坤以藏之」，所以帝出乎震者，是言後天八卦東方之位，也是坤卦中「龍戰于野，其血玄黃」，的「玄黃」已開始萌芽生長，「帝」之義，有主宰者或萬物及眾多之意，因為震卦☳代表長男是大業繼承者。

　　「帝出乎震」：震卦☳全卦五劃（每個陰兩劃、陽一劃）的爻象，如類化為文字則有立字之象，也就是立長男為大業的繼承之人，而帝字之下的巾字，則為

生根茁壯之意，其與甲木之字，也有異曲同功之象，故稱甲木為震，也是代表為首、為領導者，再而「帝出乎震」者，也是萬物生長開始之時，因為震卦宮位是春天開始之氣，為元、亨、利、貞中的元，具有升發之氣。

「齊乎巽」：當萬物開始生長之後，接著就是東南方位的巽宮之位，「齊乎巽」者，齊代表甚多，也因有多才言齊，也就是有共同生長之意，因巽代表乙木，而乙木有向陽之性，所以才說是一齊共同來生長，所以「帝出乎震，齊乎巽者」，代表當太陽能量出現，眾多的花草樹木，就脫穎而出共同生長，如此現象也代表，生命力是一直在延續。

再而「相見乎離」，是代表當離火太陽能量亮麗的出現時，萬物才能夠彼此相見，而木的生長，也必須透過火的能量，而且當有火的能量時，大家才能有競爭之力，也就是有離火的出現，大家才能公開透明相互競爭，故從「帝出乎震，齊乎巽」伊始，每個人立足點是相同的。

然後來到了「相見乎離」，大家有了比較，因此產生了相互競爭的力量，雖然太陽能量，是要讓樹木

花草來生長，然而在成長過程之中，則有先後高低，以及成就不同之分，所以萬物的所有成就，是從離☲象出現之後，才能夠被見到。

「**致役乎坤**」者其宮位，仍先天巽宮之位，代表他有自我修復能力，即後天之坤，除有自我修復能力外，也有好的養份與土壤，所以坤者，是在提供土地與養份，即甲乙木在修復之時，除有先天巽的自我修復能力，坤土也提供了必要的養份，因此甲乙木才能達成修復的目標。

「**說言乎兌**」：在經歷了上述「帝出乎震，齊乎巽，相見乎離，致役乎坤」不同階段發展之後，謹存的是為「說言乎兌」，即萬物經過不同階後考驗後，尚能存活下來的，那他就是一個脫穎而出者，也只有如此才能夠有豐收的成果，有了豐收的成果才是「**說言乎兌**」。

當有了豐收的「說言乎兌」，如若沒有碩果不食，則將造成了滅亡之災，所以他必須「**戰乎乾**」，也就是須把好的果實種子加以留存，以作為生命之延續，「**戰乎乾**」者，其宮位在西北先天艮卦之位，也就是戌乾亥之位，是代表太陽即將下山毀滅之前，所剩唯

一的戌中之丁火,而丁火者其意是代表香火傳承,所以此唯一的乾陽,是坤卦眾陰所欲爭取,作為生命延續的陽能。

由此也可推論,若八字之中有戌亥,則有「龍戰于野,其血玄黃」之象,而此象代表有競爭受傷,而且其象也有由高而低,因此代表容易於郊野摔倒受傷而流血,在八字中並無乾柱,故此宮位是言戌亥,因此八字中有戌亥者,即會產生「龍戰于野,其血玄黃」,「戰乎乾」等現象。

若從事八字本身所符合的行業時,並非就可以毫無顧忌任其揮灑,古德有言「善泳者死於溺」,人總是在熟能生巧後就容易疏忽,所以說凡事必須小心從事,才能駛得萬年船。

如依年月日時順序,其八字排序為戌亥時,是為「龍戰于野,其血玄黃」之象外,也是代表甲木在萌芽生長,並且是在進步與發揮,到了「帝出乎震」,代表力爭上游努力之後,終將脫穎而出,此一現象是因亥水之後,為「勞乎坎」,然後是「帝出乎震」,在努力的力爭上游後脫穎而出,其整體過程是代表努力的過程;當由戌變成亥時,代表果實脫落,然後到「戰

乎乾」，是眾陰搶陽之象，這就是因地支排列組合，而所了知的產生之象。

　　八字本身並不代表好壞，而是有此八字者，代表其有此種現象，要知道戌亥之後，他還是要再循環回來，然而我們最先看到的物事，是八字本身所展現出來的象，譬如戌亥並非就沒有努力力爭上游，因為現在所見到，只是其當前所展現的現象，而對於他在此之前所有努力，及所歷經的過程則並沒有即時顯現，因此就會有所不瞭解。

　　戌亥也有山地剝▆▆▆之象，因亥為六陰（亥位於先天坤卦▆▆▆▆之位，六爻均為陰爻）而六陰之前，則是山地剝卦▆▆▆，故當山地剝卦▆▆▆上九陽爻剝落即成六陰，也就成了亥（坤卦），而剝落的陽爻（碩果不食）就進入了亥水之中，其進入亥水之後，並非就消失不見，而是成為亥中之甲，然而在卦象中並無亥中之甲，但當透過干支的銓敘後，就瞭解原來碩果不食，就成亥中之甲。

　　由申、酉到戌秋季的種子進入亥水之中，又形成了甲木，而此甲木者，只是為剛要萌芽胚胎而非大樹，而是等到了「帝出乎震」之後，甲才是代表真正的大

樹,所以才言「帝」者,是立長子為繼承之人,然後甲木再接續扎根成長,而成為真正的大樹,當然「帝」也可代表萬物,而有了萬物就會有主宰者,而此主宰者也就會因應時勢脫穎而出,所以說乾是大生,而坤為廣生。

綜觀上述,要詳盡解說《易經》,就須將天干、地支及八字,彼此間做環環相扣的連結與運用,而對於《易經》運用,更必須是先後天八卦宮位,互相交媾運用,才能做完整的解讀與分析,要知道何謂學理與理論?學理與理論者,「學理」是說不管是用那一個角度,來解釋都沒有偏差,如此才是真正的公理,若此說對而彼說不對,那則只是「理論」罷了,若透過不同的方法,加以銓敘或驗證,都是產生相同結果,如此才是所謂的真理。

附註:黃帝內經素問篇「上古天真論」,有關對男女生理論述:

帝曰:人年老而無子者,材力盡邪,將天數然也。

　　歧伯曰:女子七歲,腎氣盛,齒更髮長;二七而天癸至,任脈通,太衝脈盛,月事以時下,故有子;三七,腎氣平均,故真牙生而長極;四七,筋骨堅,髮長極,身體盛壯;五七,陽明脈衰,面始焦,髮始

墮；六七，三陽脈衰於上，面皆焦，髮始白；七七，任脈虛，太衝脈衰少，天癸竭，地道不通，故形壞而無子也。

　　丈夫八歲，腎氣實，髮長齒更；二八，腎氣盛，天癸至，精氣溢寫，陰陽和，故能有子；三八，腎氣平均，筋骨勁強，故真牙生而長極；四八，筋骨隆盛，肌肉滿壯；五八，腎氣衰，髮墮齒槁；六八，陽氣衰竭於上，面焦，髮鬢頒白；七八，肝氣衰，筋不能動，天癸竭，精少，腎藏衰，形體皆極；八八，則齒髮去，腎者主水，受五藏六府之精而藏之，故五藏盛，乃能寫。今五藏皆衰，筋骨解墮，天癸盡矣。故髮鬢白，身體重，行步不正，而無子耳。

帝曰：有其年已老而有子者何也。
歧伯曰：此其天壽過度，氣脈常通，而腎氣有餘也。此雖有子，男不過盡八八，女不過盡七七，而天地之精氣皆竭矣。
帝曰：夫道者年皆百數，能有子乎。
歧伯曰：夫道者能卻老而全形，身年雖壽，能生子也。」

宇宙間的符號(易經四)第四講 (2016/10/05)

一、問題與解說

(一)新設工程公司名稱採「競技」或「元利」為名，兩者何者為佳？

「競技」就字面上直接來解釋，是代表時時都須與人競爭，也就是在工程業務徵逐上，每次都要與他公司競爭，然而市面上現有的工程行，其氣勢是比較強，因此新設工程行要與人競爭，在氣勢的顯現就會比較弱，若新開張就要時時與人競爭，如此在經營上就比較辛苦，但若名稱為「元利」就無此種現象，且「元利」者，代表開始創生之後，就能有所收獲，故採「元利」之名，比「競技」來得優。

(二)屬虎之人可否當他人之伴娘？

屬虎之人還是可以當他人之伴娘，若言禁忌原則是不要進新人房，若非進不可，則不要坐於新人房之床舖。

(三)以當下時空，占問國外置產之貸款，何時可以獲得？

現在時空換算成八字為，丙申年、丁酉月、庚申日、辛巳時、戊子分，在解析上日主代表所問之主題：

分　時　日　月　年
戊　辛　庚　丁　丙
子　巳　申　酉　申

　　所以日主「庚申」即代表貸款，而貸款者必須經官方（銀行經營者，即代表官方）認可、批准，結果情形須看其落點為何？

　　第一個落點為時柱，最後落點為分柱，時柱為巳代表丙，而丙火離☲者代表官方，而現在時間為子分，子者會讓巳產生停滯現象，辛金長生在子，而巳本身又代表丙，因此就有相背離火澤睽卦☲☱之象（火澤睽卦大象傳：君子以同而異，雜卦傳：言睽外也），因此表示貸款承辦相關人員，並沒有積極在進行審核，所以並非申請不獲准，換言之，即承辦者將申請資料擱置於旁。

　　在此組八字之中，時柱為辛巳，而最後落點為分柱的地支子、天干戊土，因此說只是官方不太積極辦理而已，至於貸款最後還是會獲得許可，其原因主要在水破壞巳，所以水氣消失後即可，至於水氣何時會消失，從申起算酉、戌、亥、子、丑、寅、卯，都代表尚有水氣，只有到了戊辰日時，就可以獲得貸款，

其原因在於辰可以收藏水，故從現在起算在第八日，就可以獲得貸款。

（四）屬狗者而名字中又有「敏」字，是好或壞？

有同學言其屬狗，而名字又有敏字，因此有姓名學老師，對其言說屬狗者又有「敏」字，而「敏」字右邊上頭為人，而其下有乂字，因此代表被綁手綁腳，所以在各方面之動作，都是有所不便，如此那怎麼辦才好呢？

其實「敏」字左為每，右上頭為人下為乂字（乂字代表爻字，因此有陰陽之意），故解釋上應該是此人每天，做人做事都懂得陰陽，也就是知所進退且懂得學習精進求知，而且靈巧、聰慧，如此是非常的好，何來不佳之處。

再以以梅花的「梅」字而言，是言每根樹枝都能長出花來，生性抗壓性強，也代表花容茂盛如此那裡不好呢，所以梅花才被稱為國花。

（五）坎，其於木，為堅多心其意為何？

說卦傳第十章言坎，其於木也堅多心，其原因在於坎是北方之卦，他代表四時冬季，因此是為寒冷之

意，代表樹木在成長歲月之中，是經過多年的冬天，因此形成了「堅多心」現象，所以說「堅多心」者是為樹木之年輪，也就是有寒冷才有堅多心，而成為棟樑的之木，就須要有堅多心。

二、說卦傳第五章：

　　在第三講中談及「**戰乎乾**」者，其宮位在先天艮卦之位，為後天之乾卦，是為西北之方位，也是戌乾亥之位，因此說其有坤卦上六爻，「龍戰于野，其血玄黃」之象，此處其之所以為戰，是因他形成了天山遯卦☰☶，代表陽氣即將被收藏，而坤又為爭取最後生命延續，因此須爭取最後陽能，形成乾與坤交戰（因亥在十二辟卦代表坤卦），所以乾與坤交戰，亦代表陰陽交戰，其目的就在眾坤爭搶唯一的陽爻，以延續其生命存在。

　　「**勞乎坎**」其意，勞者，是代表動態，故其在言壬水，而前講中的「雨以潤之」，「雨者」則是代表癸水；此處之「勞」字，除辛勞工作外，亦代表慰勞情事，其意也有犒賞之義，代表春耕夏耘的勞碌工作，到了秋天才能有所收成，待完成收成之後，進入了冬天之時，就可以好好的慰勞自己。

坎卦之宮位，是為壬子癸的正北方位，在「勞」字而言也有火的情性，因「勞」字其上有二火，而此二火之能量，則是可以儲存於坎水之中，前曾述及壬水可以把財變大，是因為壬水的財星為火（水是剋火而我剋者為財，故壬水的財星為火）。

所以勞字上的二火，其一代表因努力積極工作，因此到酉之宮位時，就能夠有所豐收，而獲得有形的利益，其二也代表是火的無形能量，即為無形的精神物質之意，是代表在豐收之後，然後好好的慰勞自己，因此內心之中，獲得了滿足之感，因此勞字二火之能量，除了代表有形收成之外，也能將其轉化儲存為無形利益，所以說二火可以將能量，儲存於坎水中，而讓水有了溫度。

「成言乎艮」，「成」字代表現有與舊有，因此代表終始之象，成言二字合而為誠字，亦即含有誠信之意，亦即從開始到終止及再由終止到開始之間，都須秉持誠信待人，如此才能有所獲得，因此才言成者是成終成始，而終者代表丑（丑為十二月是一年之終，後天八卦艮卦之位，而此宮位為丑艮寅），而始者則為寅（寅為一月是一年之始），所以說「成言乎艮」，而在終始之間，則須秉持誠信之道，以誠待人才能達

到最圓滿結果。

　　而此處為丑艮寅的東北方位，是為先天震卦、後天艮宮之位，而此處之艮者有生命延續之意，因此才有成終成始，是終了之後又開始成長的不斷循環，而非成始成終之最後結束，猶如《易經》六十四卦，最後一卦的火水未濟卦 ䷿，代表又是乾坤的開始，因後天的離位為先天的乾位，而後天的坎則為坤先天的，所以火水未濟卦 ䷿ 者亦代表成終成始，也為「天地定位」。

　　所以《易經》第六十四卦火水未濟卦 ䷿，雖是排列於易經最後一卦，但代表他又在孕育返回《易經》第一卦的乾為天，所以先天震卦與後天艮卦之宮位，艮者是止於丑，而震者為一陽出生，代表了生命的延續，因此才有甲寅的延續成長，由「帝出乎震」至「成言乎艮」，其不止符合了大自然及天干、地支，整個卦象也符合了 24 山的方圓之位，所以後天八卦方位，到了「成言乎艮」是為不斷循環之意。

　　緊接著後續的**「萬物出乎震，震，東方也」**，是再次詳述「帝出乎震」之意及其方位，是由東方木旺春季之時，開始蓬勃而生，而**「齊乎巽，巽，東南也」**

者,表示當有了樹幹之後,成長到了巽卦之時,生命是茂盛的在生長,同時萬物花草樹木,也都是齊一的在生長,「**齊乎者,言萬物之絜齊也。**」其象猶如樹葉於一夕之間潔齊冒出,巽者,也代表東南方,因此東南方也是屬木,在地支則為辰庫,代表由高山流下之水,會儲存於此處辰庫之中,此水可用於灌溉使用。

辰庫為先天之兌卦,且由高山上流向此處之水,是為可用之水,其與先後天艮卦,兩者之中的亥、壬、子、癸之水則是不同,因亥、壬、子、癸之水,則是屬於污暗且髒的不可用之水,其須透過上述勞字,二火的能量才能使用,所以火也是一種力量的顯現,因此勞字二火代表了丙丁之火,可以說二火彼此之間,是隨時在相互變化與延續,由此也代表除體力的付出外,也含有慰勞之情性。

綜上可知任何事務,都含有一陰一陽,而一陰一陽之目的,仍在於相互的調解、約束,如東方之位的春季所產之物,其味則偏向於酸,春天也代表有升發之氣,在生長速度上是快速的,而當快速時則有瞬間膨脹現象,因此以酸來收斂,這就是一種陰陽的平衡之道。

　　而夏季則是有活力的勞字之象，譬如八字火旺之人，則是閒不住的，因此夏以苦為味，其目的如同春季，做為收斂與調和陰陽，秋時萬物開始收縮，故以辛辣之味為主，是讓萬物得以擴散，目的同樣是在讓陰陽調和，而冬天之時天氣寒凍，故此時其味為鹹，如此可以阻止冰凍收縮，亦是在調和陰陽，所以春夏之味在於收斂，而秋冬則在於舒張，渠等之目的都在讓陰陽得以調和。

　　因此在先後天艮卦兩者之間的水，為亥、壬、子、癸水，是暗且髒的不可用之水，但經過太陽照射升發後，形成雲霧而下降成水，就是要讓原本不能用的水，經過了此天道循環，而流向了辰庫形成可用之水，所以此辰巽巳宮位（巳者代表天干的丙並非是溫度高，只是代表太陽最圓最大之時刻），代表有好的水源及適中溫度，適合了萬物之生存，因此才能有「*齊乎巽，巽東南也；齊也者，言萬物之絜齊也。*」之言。

　　寅者丙戊長生，而寅時太陽是剛從高山升起，巳時則代表太陽已在高山之上，因此兩者之中，所分別暗藏的天干丙戊，其情性是不同的，如此也代表先天的艮卦（戊）與後天之艮卦（戊），其情性是不相同的，先天者是太陽即將下山的落日餘暉，而後天艮卦則是

太陽初升的光芒，因此艮者，「**艮，東北之卦也，萬物之所成終而所始也，故曰成言乎艮。**」才能成為成終成始，當然也可將先天艮卦之位為成終，而後天艮卦之位為成始。

前曾述及介於其中所包圍之處之水，是代表下地獄之處，因此其對面則為天堂，在地獄中輕者上升，而濁者則是下降，同時地獄是鬼魅所關之處，因此水也代表鬼魅，或陰暗的東西，以及孔子與濟公活佛，食用牛肉（丑）與狗（戌）肉，目的都是讓此處之鬼魅，得以重新投胎為人，或直接引上西方極樂世界之典故。

再如前講所提，要詳盡解說《易經》，就須將先後天八卦宮位，互相交媾運用，且與納甲、天干、地支、八字，24山、28星宿等等，彼此間做環環相扣的連結與運用，才能完整的解讀與分析，就以紫微斗數的四化來論，其也沒有脫離「天地定位，山澤通氣，雷風相薄，水火不相射，八卦相錯」的八宮卦位，現就以紫微斗數十二宮位（以地支排列而言，十二宮都有相對應星座），的東北寅宮宮位為例（此宮位在八卦方位為東北方，是為成終成始之宮位），此宮位十二宮配置如下圖（請參考老師所著萬年曆六十、六十

一頁，紫微天府星係十二宮速查表）

紫微天府星係十二宮寅宮配置圖

巨門	廉貞 天相	天梁	七殺
貪狼			天同
太陰	寅		武曲
紫微 天府	天機	破軍	太陽

　　上圖為艮宮所成終成始宮位，由紫微天府同在寅宮，天府向上往太陰，順貪狼、巨門、天相與天梁，七殺空三破軍位，空一定見天府鄉。紫微在寅天機逆行旁，隔一陽武天同當，空二是為廉貞位，空三復見紫微郎。

　　然後再參考，老師所著萬年曆五十三頁，斗數年干星座表（四化為甲級星），本例取化祿為例：甲的化祿在廉貞，乙的化祿在天機，丙的化祿在天同，丁的化祿在太陰，戊的化祿在貪狼，己的化祿在武曲，庚

的化祿在太陽，辛的化祿在巨門，壬的化祿在天梁，癸的化祿在破軍。

接著依八卦納甲方式，參照說卦傳第三章「天地定位，山澤通氣，雷風相薄，水火不相射」，除了紫微、天府為主星與對沖七殺外，其餘剛好是乾納甲壬、坤納乙癸、艮納丙、兌納丁、坎納戊、離納己、震納庚、巽納辛的八卦納甲，所以說要完整的解讀與分析易卦，就須環環相扣的連結與運用，所以前人之作亦是根據《易經》而來，並非憑空而起，這也就是我們追求學問真理之所在。

「離也者、明也，萬物皆相見，南方之卦也；聖人南面而聽天下，嚮明而治，蓋取諸此也。」離者是屬火的情性，是為太陽，在太陽的照射之下，大地是光明的，因此萬物能顯現其繁茂，而此宮位為丙午丁宮，是先天乾卦，後天離卦之位，所以也象徵南方之卦，而其對向為先天坤卦，後天坎卦之位，是為北方為水，而水能儲存火的能量與溫度，所以北方之生命力較為堅韌；而且聖人之所以坐暗向明，朝南面而聽天下，及推動一切政務，大概也是依據此能清楚觀察到一切事務之象原理。

「坤也者，地也，萬物皆致養焉，故曰致役乎
坤。」此亦在重複解釋，前述的「致役乎坤」，坤為
地，養育萬物，此一宮位為未坤申之所在，是庚申之
氣最強之位，故最容易讓植物有所折損，然而此處亦
為先天巽卦之位，因此可以讓植物自行修護，在修護
過程之中又有坤土的養份，能夠讓受損植物滋養成
長，所以說「致役乎坤。」

「兌，正秋也，萬物之所說也，故曰說言乎兌。」
兌位於正西，是代表元亨利貞的「利」，而利者是代
表收成，而在有所收成之後，當然就有快樂之象，此
處佛家之所以認為是西方極樂世界，是因為萬物之收
成，大家都有所喜悅，所以言「兌，正秋也，萬物之
所說也」。

「戰乎乾，乾，西北之卦也，言陰陽相薄也。」
此處為戌、乾、亥之宮位，且是先天的艮卦之位（後
天乾卦之位），僅剩下太陽餘暉，也就是陽即將下沉
而消失，如前述此處也是，眾陰爭搶唯一的陽爻之
處，故「言陰陽相薄也」。

「坎者，水也，正北方之卦也，勞卦也，萬物
之所歸也，故曰勞乎坎」。勞者如前面所述，是代表

陽的壬水為不斷的流動之水，表示他是不斷的在辛勞工作，而在辛勞工作之後而能有所豐收，隨著有所豐收而將其轉化為利益收藏，如此本身就能獲得心靈上的慰勞。

從坎卦☵而言，坎代表壬水與癸水，坎卦上下陰爻☵，是代表癸水，而中央陽爻則代表流動的水流壬水，也可將陽爻視為流水，而上下之陰爻則代表，是約束河流的較高之土岸（猶如震卦代表土地厚實，陽能於底下震動之情形），所以坎卦☵上下之陰爻，可看做是較高土岸，如果要將水分陰陽，如此上陰爻就為癸水而下陰爻則為壬水，相對若以離卦☲而言，則上陽爻為丙而下則為丁，坎離兩卦雖不分陰陽，但實際上還是可依此而分陰陽，所以「勞乎坎」者代表壬水。

在八字之中如果有壬者，代表同時具備了兩個己土，所以壬水之人，外表看起來是比較隨性，但其內心是有所約束，也就是懂得自我規範，就如坎卦☵之象，雖為流動之水，但因其旁暗藏二個己土，能夠自我的加以約束。

另外壬水之人之所以能把財變大，是原因在於己

土為其官星，代表了在玩樂之時，能夠縱情的玩樂，但他同時知曉拿捏與進退，所以壬水之人比較理性，而癸水之人則比較感性，若以陽順陰逆而言，陽順者比較感性，而陰逆者則比較理性，這就是陰陽相互調合作用之故。

「艮，東北之卦也，萬物之所成終而所成始也，故曰成言乎艮。」成字者，是代表舊有的與現有的，所以終者為始，而始者也是為終，以陽順陰逆而言，順者是比較忙碌，因其屬於按步就班，而陰逆者，代表是已走過之路（此處所言非易知往者順，知來者逆之意），因此也就比較感性，是萬物至此，完成一個循環終結，同時也準備好了新的開始，「故曰：成言乎艮。」

第五章全章之意，除再次詮釋第四章的「雷以動之，風以散之，雨以潤之，日以烜之，艮以止之，兌以說之，乾以君之，坤以藏之」意義之外。更進一步的說明，萬物一年四季的生長情形，以及秋收喜悅，與交接配合於西北乾卦之象，同時也告知萬物，於疲勞倦止之時，應當歸藏止息，以準備再重新的出發。以及聖人運用離卦之卦象，朝南方面向光明，而聽天下之政的施治意涵。

三、說卦傳第六章

　　神也者，妙萬物而為言者也。動萬物者，莫疾乎雷。橈萬物者，莫疾乎風。燥萬物者，莫熯乎火。說萬物者，莫說乎澤。潤萬物者，莫潤乎水。終萬物、始萬物者，莫盛乎艮。故水火相逮，雷風不相悖，山澤通氣，然後能變化，既成萬物也。

　　本章起始言，「**神也者，妙萬物而為言者也。**」接著說明的是，動萬物言震卦，橈萬物言巽卦，燥萬物言離卦，說萬物言兌卦，潤萬物言坎卦，終萬物、始萬物者言艮卦，在字義上並沒有言及乾坤二卦，然其實「**神也者**」就在言乾卦，因為乾是代表一種陽能，而乾也是代表天，天者是浩大無邊，看似無然他又確實存在，而「**神也者**」，也是大家所看不到，而只能感應的一種東西，所以說「神也者」代表乾。

　　平常所見到的雕塑之神象是代表坤，就是所謂的「**妙萬物而為言者也**」，而坤者也是為眾為多，而萬物亦代表為多為眾，所以妙萬物代表了坤，因此起始的神也者，與妙萬物而為言者，就代表了乾坤兩卦；然後透過看不到的陽能，也就是火的能量或驅動力，如神字旁申即是代表了火的能量，申與庚類化也為乾卦，而己土者其類化為坤，其位就是後天西南方的未

坤申之位。

　　一般而言坤也為老母，而老母者也是由少女成長而來，而少女者二字合而也為妙，所以妙萬物也可代表是無中生有，或由小而大，而坤者也是透過乾動能（代表神、陽能），以產生所有的萬物，坤者亦為腹，是為大地之母，也是透過陽能而生養萬物（如乾坤交媾而生養六子）。所以並非不言乾坤兩卦，而是透過不同的文字與涵義來解釋。

　　「動萬物者，莫疾乎雷者」，代表瞬間運動引動的陽能，沒有比雷還快速的，其也是春雷一聲動萬物的驚蟄之象，且驚雷一動也讓大地產生養份，讓萬物得以成長。

　　「橈萬物者，莫疾乎風」，擾亂萬物或生活者，沒有比風更迅速的。

　　「燥萬物者，莫熯乎火」，即使萬物瞬間光亮、乾燥、燃燒、龜裂，沒有比火更有作用；譬如房屋內有很多的房間，如將洒曬衣物，置於朝北方坎位，如此就容易發黴生臭，反之若置於南方離卦之位，雖沒有風或太陽也不會發臭，這就是「燥萬物者，莫熯乎

火」。

「說萬物者，莫說乎澤」，表示能讓人喜悅之事，沒有比兌澤還有效的東西，而何以會如此，因為兌澤者，是代表利益之所在，他也是萬物收成的時刻，且在氣候上也是秋高氣爽，因此每個人的心情，都是非常的喜悅愉快，就如澤山咸卦☱☶之意，但如沒有有所收成，如此兌者也會讓人感到毀折，就如山澤損卦☶☱。

「潤萬物者，莫潤乎水」，即要滋潤大地及所有的植物，沒有比坎水更為有效，而此處之水則含有壬水與癸水。

「終萬物、始萬物者，莫盛乎艮」，也就是成終成始，沒有比艮更能產生能量；其原因仍在於艮卦☶高山，蘊藏了很多的物質與資源，包括了動植物所需的養份與資源，所以能讓萬物開始，也能讓萬物終結，而且艮者也常是國與國，或省份縣市之界限，因此立於艮界而望，其一方為國家終結，而另一方則是其開始，所以其成終成始，也代表了國與國，或兩個區域的一種分界。

緊接著所謂「**故水火相逮**」，是代表水火兩者相輔相成。水沒有火，水佈滿細菌不能飲用，水透過火（水火相逮）產生水循環，使大地萬物產生生機。

而「**雷風不相悖**」者，不相悖，即是不相違背、違反，不衝突、不矛盾，也是相互依存之意，即甲木之旁必有乙木，而乙木依附甲木而生兩者借力使力，創造價值。

而「**山澤通氣**」者，是兌卦☱與艮卦☶的互通，代表了艮卦高山產生雲霧，然後兌卦雲霧化為水，又回歸於沼澤。至於所謂的「**然後能變化，既成萬物也**」，是言所有的變化，代表透過乾卦、陽能與坤卦交媾，因而成就了地球上所有的生命萬物，此萬物也都是由坤卦而來。

綜觀本章開頭的神也者及妙萬物，也是從乾坤兩卦言起，而最後的能變化與既成萬物者，亦是在說明乾坤定位，以及《易經》六十四卦，最後的火水未濟之卦之義。由此也可了知《說卦傳》的文字，其用字遣詞是非常細膩，而且更是一字一涵意。

三、說卦傳第七章

乾，健也；坤，順也；震，動也；巽，入也；坎，陷也；離，麗也；艮，止也；兌，說也。

本章亦是反復說明八卦的義涵，其言「**乾，健也**」，是說乾卦他是自強不息，而且也是能量的施予；如言人身體很健康，則代表其能量是足夠的，因為有足夠能量，才能讓生活愉悅，所以乾者是將好的能量施以大地，如此才能產生妙萬物。

「**坤，順也**」，是言坤者柔順、陰柔，且他是不自做主張，而是順著乾而行。

「**震，動也**」；猶如前述「動萬物者，莫疾乎雷」者之意，震☳由厚土下的一陽，驚蟄而動，使大地產生養份、生機。

「**巽，入也**」；一般而言風的伏入（滲透），是比坎水更為深入，先天巽位於後天未坤申西南方之位，申的滲透力道助長了巽風，因為巽的分子比坎水來得小，如冬轉春天吹起了南風，則地板牆壁濕漉漉，這就是巽的無孔不入之作用，所以說「橈萬物者，莫疾乎巽」。

　　「**坎，陷也**」；坎者代表欠土，因為欠土才有水，若無欠土則成高凸之地，坎卦▦之象，其上下陰爻代表河岸之土，而中央的陽爻，則代表陷入土地之中的水流，也就是陷入之地才能聚水、讓水流動。

　　「**離，麗也**」，代表離者是亮麗漂亮；也代表一種附麗，離火必須依附於某一個物體才能燃燒，單獨之火是燃燒不起來的，就如瓦斯桶因其內並無氧氣，可讓火來依附燃燒，所以在瓦斯瓶桶口點火，是不會引起瓦斯瓶爆炸，反而是因瓦斯桶口有氧氣流動，因此才能讓火依附燃燒。

　　「**艮，止也**」，表面上而言是高山能夠止水，但實際上高山是山澤通氣，所以他是在釋放水資源，因此艮者是沒有辦法止水，而是在止乾之陽能，即當太陽下山時其是在收天，如辰戌者言其為天羅地網，辰收水、戌為艮是收天，因此說艮之止，在止陽之氣而非止坎水。

　　「**兌，說也**」，代表兌卦是一種快樂喜悅之象，也就是說出來之話，可讓人感覺快樂，而且兌卦為秋天收成之季，也為豐收之喜說（悅）。

97

第七章雖也是再一次的說明八卦意涵，但他與前幾章不同之處，在於本章是在言卦德與八卦之性情，是理解易理的重要出發點。

宇宙間的符號(易經四)第五講 (2016/10/12)

一、問題與解說

（一）新建房屋動土時之儀軌與應注意事項

　　首先要說明在動土儀軌上（陽宅稱動土、陰宅則言破土），會因為指導者的學習派別不同，因此在儀軌程序執行上，其方法就隨著有所不同，這種情形並無誰對誰錯問題，至於執行動土時辰之沖剋，即所謂沖煞到何種生肖或時辰之人，那則是屬於世俗之人的認知，若以老師個人而言，認為就算是真正的被沖煞到，其實也並無所謂，然而為符合世俗之人認知，當然也是依紅皮通書及一般學理上的刑、沖、會、合、害，及相關儀軌來執行。

　　若在丙申年、丁酉月、庚申日（日主）、辛巳時舉行動土，在這個時辰上則有那些儀軌與應注意事項？

```
時　日　月　年
辛　庚　丁　丙
巳　申　酉　申
```

　　首先要了解天干、地支所代表五行為何，然後再依五行的相生相剋，來加以分析彼此交戰情形，即彼

此間相互沖煞狀況，然後依交戰沖煞情形定其生門，同時也須瞭解在地支三合之中，都是以中氣之地支五行，做為沖煞的主體，如傳統以申、子、辰合成水局，此三者中「子」置於其中，因此「子」就是此三合的中氣，而地支「子」位於北方，五行代表水，而北方水會與南方火發生交戰，而火代表南方，所以此組三合局就屬煞南。

寅、午、戌合成火局，中氣為午，五行午代表火，方位為南方，一樣有水火交戰，所以是煞北。

巳、酉、丑合成金局，中氣為「酉」，五行酉代表金，方位為西方，其西方金與東方木會發生交戰，而木代表東方，所以是煞東。

亥、卯、未合成木局，中氣為「卯」，五行卯代表木，方位為東方，一樣東方木會與西方金發生交戰，所以是煞西。

在上述動土的日課當中，在時辰上含有年、日雙申，且也有巳、酉，因此代表其含有，申、子、辰與巳、酉、丑，二個三合局的組合，而申、子、辰是煞南，巳、酉、丑則是煞東，煞方就代表相互交戰的單

位，而沒有沖煞的方位為西方與北方；所以西方與北方就成為生門，因此上述日課西方與北方兩者，是屬沒有刑剋的方位，所以動土起手之處，應該應由西方或北方開始。

在動土順序上，原則可採順時鐘方向，由西開始然後再經北方，其次再動東方與南方，或是先由北方開始，然後再經西方，其次再經南方、東方，總之只要由未與日課沖煞之生門，先做為起手之處即可，然而如東方未沖煞，原則由東方開始，因東方屬木代表生機之意，而中央地方原則留待最後再起手，若動土儀式是於土地中央，設土堆立竿方式時，原則也是依上述由生門方向先行起手。

首先動土之前須先準備三牲禮品，並將供桌置於欲動土之土地中央，或採面向動土土地方向，焚香祭祀告知天地，在祭祀完成後，先以所謂的淨水，在要動土角落灑淨（灑淨之物應少用鹽米），且每處也須以三支香祭祀告知，讓這些無形之物知道閃避，接著依日課時辰由生門開始執行動土，記得每當完成一處動土之後，就須在所挖掘之處燒化一些金紙；即程序上是第一先祭祀次淨土，再次於動土處焚香告知，若必要第三次再灑鹽米（此項過於激烈應該少用），最

後再動土燒化金紙。

　　若土地上有欲丟棄或移除之物，同樣也須焚香祭祀，尤期如有供奉神祇者，除焚香祭祀外更須擲筊溝通，待徵得神祇同意後再行移除（原則以二次聖筊即可），若非新建工程而只做部份整修，原則上也是依上述動土儀軌，於欲整修地方執行動土儀式，不整修之處則不用，若非連貫性則先動較大主體，次再動較小整修之處，但要注意動土之意，就是要在欲整修之處有擊破之象，若以整修牆壁而言，須有擊破該牆上之磚塊或水泥，至於大小則不忌，只要有擊破之象即可。

（二）沖煞迴避之方法

　　在擇日上所謂的沖煞，在天干如屬同陽或同陰則為相剋，而地支則是以相對者為沖（即子午、丑未、寅申、卯酉、辰戌、巳亥為沖），然後取要執行當日與時辰之干支來做對應，其中日柱所沖煞的生肖，代表整日都是沖煞時辰，而時柱沖煞的生肖，則是日課當日執行時辰而已。

　　譬如以日課為丙申年、丁酉月庚申日、辛巳時為例，一般擇日的刑沖都會以日、時為主，所以此日課日柱之天干庚金剋甲，其地支申則沖寅，因此沖剋者

為甲寅年出生者（六十三年屬虎之人），因在日柱代表的是日沖，因此屬於此出生年之人，整日都是為沖煞者，即在此日不管其執行時辰為何，都會沖煞到甲寅年出生之人，而時柱為辛巳，天干辛金沖乙木，地支巳其沖為亥，所以其沖煞者，為乙亥年出生之人，因是位於時柱故代表為時沖，也就是日課此一時辰，才有此乙亥者之沖，如換成其他時辰，就非乙亥者之沖。

至於其沖時間有多久，如以上述動土儀式而言，沖煞時間為開挖，或要繫破的那一瞬間，所以只要在此時刻迴避，或是不要在現場凝視即可；如果受沖煞之人一定要到現場，如此則可以用淨水灑淨方式，若現場沒有淨水，也可採用站立在貴人方之方式迴避，（有關貴人方之方式，請參考老師所著萬年曆 89 頁，諸神煞應用天乙貴人，甲戊庚牛羊、乙己屬猴鄉、丙丁豬雞位、壬癸兔蛇藏，六辛逢馬虎，此是貴人方，命中如遇者、定做紫衣郎）。

一般而言甲是為牛、羊，因此其貴人方，分別為未與丑，但未者位於未坤申方位，因此又有沖煞情形，所以應以丑位為主（東北方位），且丑也可化庚申之氣，所以上述甲寅年出生者就不要站在申位（西

南角落），在申位而言本身就沖煞甲寅，因此除了會有日沖之外，也會有方位之沖煞，因此如要站立除可立丑位外，也可立於辰位，因辰可化申之氣且可讓寅穩定。

而乙亥年生者，本身屬豬雖巳火是不沖豬，但屬虎者與申就有沖煞情形，而乙己屬猴鄉，是代表老鼠與猴子，而猴之貴人方為申位，但申與亥又會產生狂風暴雨，因此不可立於申位，而是應站於北方的鼠位，但北方又過於寒冷因此比較不宜，故乙亥者還是立於子方為佳。

譬如本日為丁卯日、乙巳時，欲執行某種重大事物，因此在此一時辰上，某些生肖就會產生刑剋，如未執行重大事物，當然就沒有刑剋現象（所謂重大事物，指非平常性或例行性工作），如本日有辦理重大事物，則會用本日的天干、地支所沖剋的天干、地支，兩者所組成之干支出生年的人為日沖。

所以丁卯日天干丁剋辛，地支卯酉為沖，因此日沖是辛酉年出生之人，此年出生之人整日都是其沖剋時間（即從子時到亥時），因此稱之為日沖，而乙巳時天干乙剋己，地支巳亥為沖，因此時沖為己亥年出

生之人，所以當時辰為乙巳時，其所沖煞者則為己亥年出生之人，若時辰並非乙巳時，那就不會沖煞到己亥年出生者。

　　假如上述兩個年份之人，都需要到現場且不想避開，如此就可以從出生年之天干，找貴人方方式在避煞，當然也可用本命位的旺方之方式，建議其立於何方位為佳，如六辛者逢馬虎，馬位於午方，但午方火旺之地溫度高，會剋到本命的辛與酉，因此就不要立於午方，因此請其立於寅方（虎），因為寅也可以保護辛酉。

　　而時沖己亥年者，是乙己屬猴鄉，而猴為申位，但申與亥又會產生狂風暴雨，如此就會有不穩定的感覺，因此就會建議其立子方（鼠），以上述時辰沖煞者皆有二個方位可以選擇，因此可以用刪除法，將不好的予以剔除，然後建議其立於好的方位。若不知道用何方法來避開，則只要在執行儀式的那一瞬間迴避即可。

二、說卦傳第八章

　　乾為馬，坤為牛，震為龍，巽為雞，坎為豕，離為雉，艮為狗，兌為羊。

第七章是在言卦的基本特卦，也稱之為「卦德」，而第八章則是以動物的屬性來類化八卦，但以動物為屬性時，與地支所代表的動物又有對沖及刑剋的情形，如乾為金但其類化為馬，在八曜殺例中，乾遇馬，巽遇雞，都是對沖，第八章則有坤為牛，而坤為未而牛為丑，因此又有丑未沖（請參考老師所著，萬年曆28頁附註八曜殺，及上述第一節之第四小節八曜殺簡說）。

所以此處類化動物習性，都是用沖的特性，是因為用沖剋才會產生互補作用，也因陰陽互補才能形成一個圓形，所以八卦是透過不同屬性，以凸顯其特性，並造就其圓滿。

以前在解說乾卦之時，是以龍來凸顯，這是因將乾卦代表天，若將乾卦代表地上能量或動物之時，則是以馬為之，「**乾為馬**」因馬可以日行千里，目的就是因為其能量為健行，而乾先天宮位，是位於丙午丁，因此也有先後天同宮，為同一氣的屬性，以前面所述八曜殺邏輯，是有一些不符合《易經》原則，其原因在於八曜殺，是起於《京房易》的官鬼爻，是透過官鬼爻來詮釋其沖煞沖剋。

　　以八字而言煞並非就是不好，如丙遇壬為七殺，反而這個七殺對丙是好的，又戊土遇甲木也是七殺，但他也是綿密的組合，而非是不好，好或不好的現象，基本上還是要透過，《易經》原本的內涵，來加以分析解說，如此才會比較正確，所以「**乾為馬**」者，是在代表其持續力，以及剛健不息的特性。

　　「**坤為牛**」者，因牛能載重且有柔順的本性，因此以牛代表坤，能承載所有的事物與重物，而且可以柔順而行，是為坤厚德載物。

　　「**震為龍**」者，是因其可破土脫穎而出，而且變化無窮，其象就是透過震卦的陽爻之能量來詮釋，而且他能夠反生而茂盛的成長（此處是言亥中的甲木，是由戌的辛金掉下後泡在水裏，在初起發芽之時，是芽在上而葉在下，但在成長過程之中，能自轉而為葉在上，而芽入土中，這就是震的反生之意），而震也代表寅，是與寅卯辰同氣，代表春天之氣，因此也有繁茂之意。

　　「**巽為雞**」者，巽是代表卯木、乙木，而其以雞為代表，是在凸顯巽之功能，因巽亦為伏入，巽之陰爻有如雞爪一般，能撥耙土地尋找食物，且陰爻也如同土地，拉住了上面的兩個陽爻，因此雞雖有翅膀但

不能飛行，代表巽木與己土、未土彼此是相連接的，所以巽木在己土、未土之上，是可以快速繁衍，因此用此種伏入方式來凸顯雞的能量（若以鳥而言他能飛行，代表鳥者是有火的能量）。

「**坎為豕**」坎水本身代表暗、髒，那麼他以豕為代表，是因豬喜歡在濕暗的地方成長，亥者本身就屬水，豬本身也不怕惡劣環境，由此也可代表如出生日為亥日者，其在生活上就比較隨性，反之如果為六陽之地的巳火者，其本身就比較有潔癖，這就是該等出生之日者的特性，如果一個人具有此兩者，那就須看其排列順序為何。

如日柱為亥（坎為豕）其他是巳，代表在家裡很隨性且不拘小節，但如出門就穿戴得很整齊，是很在意在外的形象，反之如日柱為巳，其他為亥，則在家裏有潔癖，但出門就比較不在意，其原因就是日柱代表內在的家裡，而其他的年、月、時柱，則是代表形於外之表象。

「**離為雉**」，雉與雞不同之處，雞為豢養動物，雉較屬野生動物，兩者雖都不會飛，但雉還是比雞稍為會飛，其類別代表雞是豢養者，比較可以掌控，而

雉屬野外之物，比較難以掌控，而離用雉也代表比較
有野性之美。

「**艮為狗**」，狗可以守住門戶，阻止盜寇。艮為
止、為山、為守衛、為狗，坎為盜寇。

「**兌為羊**」，前言辛的貴人方為午與寅（馬虎），
而午未是同一氣，兩者都會傷酉，而酉又代表兌卦，
因此以兌為羊，是取決於羊的柔順，以美字而看是羊
大也，所以美好的東西代表為羊，而兌之所以為喜
悅，其因在於有所收成，因此兩字也是有同義之處，
所以以羊代表兌卦。

　　綜上而言，說卦傳第八章，是以動物來詮釋八卦
之屬性，當然也有如同上述，是用剋的原理來凸顯，
因為有剋生命才會再延續，《易經》本意就是用簡短
語言來概括一切，然後由學習者，依事物屬性來想
像，所以我們稱之為類化（類化者，是歸屬同性而展
開之意），若針對事物說清楚講明白，那就代表是直
接，指明該事物的本性，而無庸他想；陳如繫辭下傳
第二章中所言：「古者包犧氏之王天下也，仰則觀象
於天，俯則觀法於地，觀鳥獸之文，與地之宜，近取
諸身，遠取諸物，於是始作八卦，以通神明之德，以

類萬物之情。」

三、說卦傳第九章

乾為首，坤為腹，震為足，巽為股，坎為耳，離為目，艮為手，兌為口。

「**乾為首**」，首者代表頭部及掌控者，有主導之意，當然也可代表思維與其執行力。

「**坤為腹**」者，代表其可以承載、包容、容納，就如人的肚子，可以容納不同溫度、味道的食物，然後慢慢的消化，並加以整理運用、歸納、分解，最後將無用者排泄而出，此就代表了坤的包容整理，及其承載之性。

「**震為足**」，是因震的陽氣，其震動是在最低下的陽能，就如同人雙腳一般，所以震代表人的行動力，因此以足為代表。

「**巽為股**」，而巽下之陰爻代表雙腿，而腿之上就為股，因此以巽代表股。股有腿、腳二義。

「**坎為耳**」，坎陷之能積水，象耳窩之能聚聲。

因耳為外陰中陽,如此才能接收容納聲音,如前述坎水能吸收火的能量一般。

「**離為目**」,離火者,上下陽爻如上下眼瞼,中陰者就如同眼球一般,眼睛是能讓人見到光明,而離卦本身代表光明,讓人可看到外面的一切事物,因此以眼代表離卦。

「**艮為手**」,因艮山有人之手臂之象,手可以抓取物品、止物之用,代表可以加以掌握阻擋。

「**兌為口**」者,兌為澤,可吞吐百物,象人口之吞吐,並以言語愉悅人;在第七章言兌為羊,若羊字加上口字,則為善字,兌本身就是喜悅、有好的收成,而兌為口,就是代表把美好的事物講出來,能夠把美好的事物說出者即是為善。

由上述情形可知說卦傳第九章,是以人的身體部位來類化八卦。

四、說卦傳第十章

乾,天也,故稱乎父。坤,地也,故稱乎母。震一索而得男,故謂之長男。巽一索而得女,故謂之長

女。坎再索而得男，故謂之中男。離再索而得女，故謂之中女。艮三索而得男，故謂之少男。兌三索而得女，故謂之少女。

　　本章是在說明陰陽互換之後的結果論，乾卦☰為三陽爻，而坤卦☷為三陰爻，然後乾坤兩卦陰爻陽爻，互換後所得之卦稱之，如乾與坤初爻互換，坤得一索成震卦☳，代表成為長男；乾得一索成巽卦☴，代表成為長女。乾與坤中爻互換，坤得再索成為坎卦☵，代表成為中男，乾得再索成離卦☲，代表成為中女。乾與坤上爻互換，坤得三索成為艮卦☶，代表成為少男，乾得三索成兌卦☱，代表成為少女。

　　由上而知說卦傳第十章，是言乾坤兩卦陰爻陽爻，互換之後所得之卦，這也就是《易經》上所稱的乾坤生六子之意。也代表生了女兒是父親的功課，生了兒子是母親的功課。

五、說卦傳第十一章

　　乾為天，為圓，為君，為父，為玉，為金，為寒，為冰，為大赤，為蟄龍，為陸龍，為天龍，為良馬，為老馬，為瘠馬，為駁馬，為木果，為衣領，為直線，為胃，其為地也在郊。

本章類化之物屬性，使用於陽宅之上比較多，「**乾為天**」，代表他是主宰大地，是一切宇宙的陽能（坤則是陰能）。

而乾卦者代表天，「**圓**」代表天體，也為環繞，為圓、圓形；而天圓地方，因此乾是為圓者，也因乾為圓，其能量才能不停的運轉，因此才言「天行健，君子以自強不息」，如前講中言如臥室天花板之裝潢為圓形者，新婚夫婦則不容易懷孕，因圓代表動是運轉不停，因此代表不會停止，所以動到胎氣而無法受胎，且也無法靜下心來休息，若是客廳則可，代表川流不息，但還是用方形為佳，因天圓地方故採方形較符合地之屬性，且方形者是安逸穩定之象。

「**乾為君**」，代表乾是指導者，在一個國家為君王、總統，在一個大的團體代表領袖。

「**乾為父**」，言在家中代表父親，即家中的男主人，如同天干的丙，也代表家中的男主人，丙午丁代表離火與乾卦是先後天同位、同氣，因此丙與巳都可代表男主人，但每當丙巳長大之後，如不再與家人同住，則渠等也成為了男主人，在八字中如丙火受傷，也代表家庭運勢會受到阻礙，是因為他代表了家中男

113

主人。

「**乾為玉**」是代表其為珍貴之物，礦石之結晶體為「玉」。

「**乾為金**」者，乾卦本身就代表金，金與銅類似但金無銹，代表其氣純正不變質。

「**乾為寒、為冰**」，是取象於後天的戌乾亥位之因素（西北方宮位），因由戌位開始，天氣慢慢的轉冷，所以為寒，然後慢慢的進入乾、艮、亥之位（戌乾亥、壬子癸、丑艮寅三個方位，代表1、6、8的白，也就是冬天白雲皚皚），開始有了結冰之象，所以說是取象於後天戌乾亥之位。

「**為大赤**」者，則是取先天之象，因此時太陽是大紅之時，當然也可視為，太陽在戌乾亥位，此時正當太陽將要日落，因此天邊色彩斑爛，是龍戰於野之象。

「**為蟄龍**」，蟄者是隱伏、潛藏，代表乾卦初爻的潛龍勿用。

「**為陸龍**」者，代表乾卦九二爻的見龍在田，此

時龍已出現於平地之上，是為將開始展現其才華。

「**為天龍**」者，代表乾卦九五爻的飛龍在天，以上以龍為代表，是在言天象，而用馬代表，則是言其能量，及其持續之能力，如馬之日行千。

「**為良馬**」者，代表善於健行，是好的馬。

「**為老馬**」者，是代表乾為君、為父，同時也有智者之意。

「**為瘠馬**」者，則代表是有能量較瘦且是為有骨感之馬，而非是貧瘠之馬。

「**為駁馬**」者，是指為顏色較多之馬，馬的毛色不純。引申為顏色雜亂的馬。

「**為木果**」者，是代表庚與申，是指未成熟的果實，此時雖未成熟，但已具有了果實之形，只是未達成熟階段。

「**為衣領**」者，代表乾卦是最主要的關健之點，也是有提綱挈領之意。

「**為直線**」者，是指乾卦之能量，坤卦的第二爻爻辭言，直、方、大，不習無不利，其直者就是代表乾之能量，方形之象要能大者，其直線就須越長，如此架構而成的方塊就會越大，而乾代表的直，也如同樹木在扎根，樹越直則其根也扎得越寬，當根越寬時，樹葉就更為擴散，也就是當陽能越長，那麼方要越大，才能穩固根基。

年初維冠大樓之所以倒塌，是因其直過於高大，而周圍之方寬度不夠，代表根基不足因此倒塌。所以只有直，而沒有方，則無法穩固其大；坤卦六二爻辭所言，其意是不要亂學習，即非是不要學習，而是須向乾來學習。

「**為胄者**」，代表為盔甲，可以當為保護的硬體。

「**其為地也在郊**」者，為將乾卦類化為方位時，其屬性是在郊野的西北戌乾亥之處，也就是代表在有山有水的野外之地。

宇宙間的符號（易經四）第六講（2016/10/19）

一、問題與解說

（一）因友人邀薦新職，經用數字卡占卜，第一張得
　　　數字 5 圖騰為火，第二張 9 圖騰為木，如此其
　　　意為何？是否可前往履新？

　　以牌卡占卜而言第一張，代表主體即問事之人，
第二張牌卡代表結果論，即新接職務的結果，因此須
由 5 與 9 對應關係，分析其彼此因果為何，以數字十
神法而言，以 5 的角度 9 為其財星，若從 9 的角度，
5 則為 9 的官星（請參考老師所著萬年曆 20 頁，數
字十神參照表），由此可知邀薦新職，是擔任管理的
職務，即邀請你擔任管理者角色。

　　再進一步分析 9 雖是 5 的財星，但此財星是無法
掌控的，所以如問投資則是不可，因為財沒有辦法掌
控，代表就會損財，然所占問者是新職工作，可否得
心應手，而非從事生意上投資、求財，所以無法掌控
之意，代表了是不會受到約束，可自由自在處理事物，
且凡事也能迎刃而解。

　　又 5 為 9 官星，代表 5 是新單位主管，而且會用
不同方式，彼此溝通互動，同時 9 也不會被 5 所控制，

因此在 9 角度，也認為 5 處理事情時，有一定的方法與程序，且能剛柔並用，凡事都能處理完成，因此也會覺得很開心。

所以彼此間互動會很圓滿，而且戊在夏天時，代表很有實力，所以根本不用怕，故整體而言是沒有問題的，唯一的是 5 本身求好心切，怕做不好因而壓力過大，因此會有感覺不好意思現象，但事實上是可以勝任愉快，所以是可以前去接任此工作，這就是此占的對應關係及其代表義涵。

（二）牌卡中圖騰所代表的意義

牌卡 5 其圖騰為火，而 9 者圖騰為木，從深一層方面來解析，牌卡 5 代表戊土，圖騰火代表巳（火也可代表午或未，因都在同一個宮位，同時也代表夏天），所以數字 5 圖騰火，是代表夏天的土，也是代表有能力之義，再以戊土遇到巳而言，在十二長生表中，有正 6 的能量，也謂之祿位，如果火為午，則有五能量是帝旺、羊刃，一樣是代表有能力，能將職務上事物處理妥當，但同時也會因有能力，而有求好心切現象，因此怕因處理不好致引起煩惱，然實際上是沒有問題的。

　　數字9圖騰為木，9者代表壬，木者代表春天，所以此水為春天之水，如果壬水在秋冬那就會傷人，也就是說如為秋冬之氣，如此在工作上就會昏頭轉向，有如今年秋季水太多，而引起水災一樣，故說秋冬之水具有破壞性，但春天之水則不同，他可滋潤大地，讓大地可以育養萬物，由此可知其是邀請做管理工作，另外包括9那邊的工作者，對於你來此服務，也是給予正面評價。

　　在數字9(壬水)圖騰為木的牌卡，不能把他當成是水困木，如上述9者代表壬，木者代表春天，所以是為春天的之水，而春天之水者，是代表可用之水，因此在那邊工作，是可以學到新的事物，且那邊的同事對你，也是相當的正面，不會認為你是從天而降而故意刁難。

　　數字5(戊土)圖騰火，當成一柱則有戊午之象(火的宮位有巳、午、未，且也代表夏天，在戊定位之後，雖然不知火代表誰，但要成為一柱那就只有戊午，因八字之中無戊巳、戊未之柱)，而數字9圖騰木，是不能言水來困木，而是代表春天之水，因此二者組成就有成壬寅之象，或許同學會認為當下為秋天（動爻），所以應是秋天之氣，但當下的9其助力如何？

在原來圖騰上,他已是春天的氣,所以是代表可用之水。

　　整體而言數字中的圖騰是代表時間、方位與季節,因此沒有所謂的水困木的情形,是在強調數字本身的能量,如果是水困木,其困是屬於自己困自己,也就是太過於求好心切,因此怕有小錯誤,因而引起不好意思,而非是外在的能量或磁場來困自己,也不是代表能力不足。

（三）天干地支與內外環境關係簡說

　　所稱的內、外在的環境,是指本身內心的性情與感受,而外在的環境,則指當下的時間、季節、方位,所以言「困」就有內在與外在之分,以干支為一柱的當下,原則上天干為主,而地支為客,客者就是代表外在的環境,即時間、季節、方位,因此上述牌卡9圖騰為木者,是因求好心切,而引起內心緊張,致有不好意思現象,其困是因自己感受而起;至於屬外在環境之困者也不少。

　　現在就以甲子之柱來探討,甲子之象是甲為木、子為水,水來生木,代表木會得到印星,而印星者是代表來生我,所以就有水來滋潤樹木現象,代表按部

就班，就能將事情處理妥當，因此日主為甲子日者，在處理任何事情時，在剛開始之時，是不會積極的，因為其內心已有主見，認為他能將事情處理妥當，但因為太過於自信，因此在時效上，就不會有所掌控，待將居事情期限時，才會積極而為，然而此時周遭應配合者，有時切沒有辦法來配合，因而可能導致事情延宕或無所成。

甲子者何以會產生太有自信之心，是因為子是甲的正印，且其也有辛金的正官，也就是因為他暗藏了正官、正印關係，然而何以有辛金的正官？原因在於辛金來自於子的長生位，而子的本質是天干的癸（藏干癸是子的正印），子為地下之水，他是癸水下降後，經由地表吸收而成。

但癸水並不等於子水，為什麼呢？因為地支也是代表節氣，在天干的水而言分別有癸丑、癸巳、癸未、癸卯、癸酉、癸亥等六個不同的地支，此六個不同地支，是代表癸水（雨水）產生時的季節，方位及時間，陳如上述水在春天，那就代表可用之水，所以癸之長生在卯，癸在天干排序為第十位屬陰，不過在用的角度而言，癸是代表春天的水，因此癸水是可以育養萬物。

癸水到了秋冬之際,(酉月、戌月、亥月)所帶來的雨水,則是不能用之水,如上個月(酉月)颱風所帶來的雨水,只是帶來了土石流,其水根木是不能用,所以癸所代表只是外在看得到的形象,也就是雨水之現象,至於癸水是在什麼節氣下所產生,則是來自於其地支所代表。

　　以壬而言也是屬水,在數字占中第二張牌 9(壬水),而其圖騰為木而言(木代表春天的寅卯辰),壬水是在春天節氣下所產生,而第二張牌 9(壬水)是代表對應關係,因此壬也可代表新單位的員工,也就是新到單位的同事或主官的想法,同時壬也是代表有積極度,及很有作為及魄力,也因是為春天之壬,故在思考上代表都是很正面的,故處事上如稍有錯誤,也會有所包容,因畢竟是自己聘請過來的,因此會用教育方式,慢慢的來引導教導,這就是壬寅之柱所產生的現象。

　　若是壬申(壬水在秋天之季)之柱就非如此,因壬申者認為該怎麼做,就應怎麼做,做錯了就是要接受處罰,做對了就要加以獎賞,也就是對做對或做錯者,採取直接獎賞或處罰,一切照規矩辦事,所以說形象不同,其結果論也不同,這也就是天干與地支每

一柱彼此所代表意義。當然在解析上，也可將天干、地支拆開，做分別解釋，然何謂拆開呢？以上述數字占第二張牌9圖騰大樹為例，其組成之柱是壬寅，因此以壬為第一張牌，代表是事情開始，而寅為第二張牌是為結果論，這與用《易經》六十四卦占問事物時，上卦為主體下卦為結果論的用法，原理上完全都是相同的。

二、說卦傳第十一章

（一）第二節

坤為地，為母，為布，為釜，為吝嗇，為均，為子母牛，為牝馬，為大輿，為文，為眾，為柄，其於地也為黑，其於天也為黃，為下裳，為黃帛，為囊，為履。

「**坤為地**」，是言坤代表大地，先天之坤為後天之坎，故坤除了代表大地外，也代表河川、血脈，生命孕育的泉源。

「**坤為母**」，以一貫道而言，是將母字橫寫，因此其中間的一橫，代表了貫通天地，其意涵代表天地之母，而現在母字中央的一橫，可以說是為東西線，其意就是代表母擔負了家庭中大大小小的事物，而母

字上下二點代表其辛苦的眼淚。

前講對於造字概念中,對羊字說明,羊者是代表好的東西,所以羊大為美,把好的話說出來就為善,欠缺好的東西,滴了口水就會產生羨情形,而好的東西羊不見了,剩下一個皿所以為盜,所以造字者,有他們智慧與所代表的意義,《易經》經文經過了幾千年的垂煉,本身是不可能有錯誤的,若有所錯可能是在印刷過程中,發生了字體的誤植,故在經文上的用字遣詞上是不會有錯誤的。

所以「母」字是具有天地偉大的包容之心,也是承載萬物的,而「坤字」土邊的申與母字亦有雷同之處,而申者是天地的主宰為陽(因申也代表乾為天),所以坤者是大地之母是為陰,然而坤字土旁有申,也代表是陰中有陽,陽中有陰,而乾者有甲木而其旁又有乙木,所以也是陰中有陽,陽中有陰,所以「坤為母」者是包容承載。

「坤為布」者,則是代表坤卦的六二爻直、方、大,布是由經緯之線貫穿組成,所以直與方的組合就可成其大,即由經緯之線組合,而可成為一塊布料,「不習无不利」者,代表在織布過程中,是沒有任何

想法，而只是透過了陽能的自強不息（學習乾卦的天行健，君子以自彊不息），一直往下組織最後就能成其大，所以六二象曰：「六二之動，直以方也，不習无不利，地道光也」，代表六二爻並非是停留於一處，而是必須有所行動，才能造就其大。「坤為布」，此布代表大眾化的絲織品。

「**坤為釜**」者，是言坤卦的初六爻，初六爻辭：「履霜堅冰，陰始凝也。」因釜者也是一種氣的凝結，釜是由金屬凝結聚集而成，所以與初爻透過氣之凝結，而成為有體之器，具有同功之義，同時釜也是在言包容之意。

「釜」以現代名稱係為鼎，用金屬做成的，用來表承載食用之物，所以也是言食用之物，若釜只是承裝東西，而沒有底下的陽能，如此所裝之物，就無法產生能量，既然承載食用之物，就如地底之下，有很多的陽能，因此可以造就萬物。

「**為吝嗇**」者，是言六四爻：「括囊，无咎，无譽。」小象曰：「括囊无咎，慎不害也。」也就是小心謹慎，可以永保江山，為母親者是量力而出，懂得節制因此是無害無妨。

另外「吝嗇」也在言方位，坤在後天八卦位於未坤申，而未土者(坤卦)是高溫之土，而高溫之土能把水氣吸進來，而且吸進來以後，就不會再施放出去，這也是母親的特性，如做生意之人，喜歡供奉土地公，是因土地公代表未土高溫，未土者把水氣吸進來，從土的角度水是為財星，所以供奉土地公（未土），可以把財吸進來，且是有進沒出，所以有「吝嗇」之象。

「坤為均」者，也是言六二爻的直、方、大；因由坤卦初爻的子丑艮，進而為寅卯，而寅者為丙戊的長生，因此當太陽上升之後，就可讓大地充滿了生機，而且其是普照大地的，讓萬物都可得到其能量，所以「坤為均」，另外「均」者是希望可以達到平衡，坤土代表平地，因此平地的每一個角落，大家都可以使用他、運用他，所以才是「為均」。

「為子母牛」，同樣言六二爻，代表跟從順著他，是子牛跟從母牛學習之意，也就是直有多直，方就有多大，如上講所述樹幹為直，而樹葉為方，而其根為大，也就是有多直，有多方，其根就有多大，所以是有跟從跟隨之象，路樹之所以容易傾倒，都是因其根之生長受限，而無法與樹幹之直與樹葉之方相配，因此當颱風來臨，就會導致傾倒。

　　從言辭看是代表小牛會跟著母牛，因「坤為母」本身代表母牛，因此小牛跟隨母牛，代表跟從之意，其要表現字義，是在隨從與跟從，也就是萬物隨著四時的運行而動，故雖是以物為代表，但仍在言天象，上述「為均」與「為子母牛」者，也代表言坤卦六三爻的「含章可貞，或從王事，无成有終」。

　　「為牝馬」，代表為雌馬，因坤為母，而乾為雄馬，因乾為父。

　　「為大輿」者，代表大車，此是言用具與承載之意，即「地勢坤，君子以厚德載物」之意。

　　「為文」者，是在言文采，即說明坤卦六三爻：「含章可貞。或從王事，无成有終」，及小象所說的「含章可貞；以時發也。或從王事，知光大也。」之意，文者也代表柔順之意，而乾是陽剛之氣，所以代表為武，在離卦之文則代表文章，而文章則是代表行於外之意，也就是讓大家都可以看得到，而為文者，只是其內在的自主，也就是文順柔順，或具有表現的文采之意，即內涵為文而體現於外者為章，所以文章者須有離火才能彰顯。

所以坤之含章，是代表含著而已，而在離卦就為文章，代表已凸顯了，而非含著而已；前曾言文字底下之乂代表陰陽，而文的對應為武，而武者，是言正者，才可執戈，也就是言武者，必須合乎正道，此也是代表陰陽之義（正者不動為陰），所以坤為文者，是代表其柔性之意。

「**坤為眾**」者，代表坤可以承載無數億億兆兆京垓的生物及種類。《易經》六十四卦是透過陽爻陰爻架構而成，而陰爻是由六個陽爻組成(☷)，在《易經》而言三就代表多、代表眾，何況坤卦有六個符號(☷)，因此是代表更多更眾。

「**為柄**」者，是在言坤卦六五爻：「黃裳，元吉。」即言權勢、權力、權柄之意，代表可以掌控權利、權貴。

在乾卦的用九與坤卦的用六，都會認會用九與用六，是在強調卜卦之時，遇乾卦全陽皆變，或坤卦全陰皆變，但也有古籍認為用與通同意，所以用九就是全部為九，用六就是全部為六，但以我們學理，其用則用在六子(震、巽、坎、離、艮、兌)，也就是用在乾卦九五爻，即須有辦法任用賢臣，來幫忙治理國家

（公司），也就是九五爻中的「利見大人」，而以非獨攬大小事情，如此才能「垂衣裳而天下治」，所以用九才言「見群龍無首吉」；用六才能「利永貞」，永保江山，「黃裳，元吉」。

「**坤為柄**」者代表所有的東西都在坤之中，也是代表坤掌握了這些東西，猶如男主人在外賺錢，而將所賺之錢交由女主人處理，所以他掌握了家裏的主導權，這就如鍋之柄，可以加以掌控。

「**其於地也為黑**」，把坤代表土地其顏色是為黑，坤卦後天位置在西南的未坤申高溫之地，一白為坎，二黑為坤土，三碧為震木，四綠為巽木，五黃居中，六白乾金，七赤為兌、八白為艮、九紫為離，所以地在高溫時為黑色，就如東西烤焦了一般，人的皮膚也可代表坤的承載包容，因皮膚包覆著體內的重要器官，當皮膚曬到太陽是也會發黑，因此代表其形象也是如此。

在這邊黑代表溫度高，所以言地在西南未坤申方位之象，以黑代表坤，其原因就是在強調高溫。

如果以十二辟卦的角度來分析，坤代表亥月、亥

129

時,在亥時是沒有太陽,所以整片大地都是黑色的,而在亥之意是代表看不到太陽,先天的坤卦之位是後天的坎卦之位,而坎也代表暗,所以「坤為地」當成土地為黑,所以黑亦是代表坤卦初六爻的履霜,堅冰至,即在言方位,坤卦初爻為東北方的子丑凍結之位(乾卦則是西北的戌乾亥之位),而小象曰:「履霜堅冰,陰始凝也。馴致其道,至堅冰也。」也就是說順著四時道理而行,由子已開始有薄冰,然後進而為丑、艮的堅冰。

「**其於天也為黃**」,是在言坤卦的第六爻:「龍戰于野,其血玄黃」,也就是說把他當成天象,是代表黃也稱之為天玄地黃,所以乾坤兩卦交媾,所產生的第一個兒子叫「玄黃」,在震卦說明中,即言震為「玄黃」,所以說玄為天,黃為地。

因此坤卦若為天象,就是代表黃,如果是代表衣服,則「**為下裳**」,此也在言六五爻:「黃裳,元吉」,即上衣為乾、下裳為坤。

「**為黃帛**」者,同樣在言六五爻:「黃裳,元吉」,是代表為黃色絲織品,是代表比較貴重的絲織品,而「坤為布」者,此布是代表大眾化的,是讓百姓使用

的布料，而「為黃帛」者，則是較為高級的布料，非一般平民百姓所用得到之物。

「**為囊**」，在言六四爻：「括囊，无咎，无譽。」，囊即為袋子，是由皮革或布料縫製而成，用來裝東西的袋子。

「**為履**」者，也代表其在言坤卦的初六爻，履是代表陽能，前言坤代表為文為靜，但坤本身還是有執行力，所以用履來代表坤之陽能，也就是坤的履行力、執行力，如上述的「坤以藏之」，若坤沒有陽能，則其也無法發揮作用，所以「履」者，是在強調坤是有作用的，具有陽的力量孕藏了動能。

離卦與坤卦雖同有牝之意，但兩者也有所不同，離卦為中女也代表牝，牝是代表雌性之意，離卦也代表速度、亮麗，但恐其太過凸顯，因此用牛代表，因牛沉穩可以來陰陽既濟，在《易經》使用上，都是採陰陽既濟方式，而坤是代表靜態，故用馬健行來以陰陽既濟，這也是一種陰陽交媾。

雖然馬屬健行的動物，然而如為晚上或寅時（傳統稱寅為驛馬），所生者就比較不好動外，其餘時辰都是好動的，譬如庚午者，也是好動，除非他是在寅

時或水的能量太多時，也就是在這些時間出生者，就比較不好動，因庚午是代表外在形象，但落點在丑或上述那些時間，如此就會有停滯不動現象，對於這些比較不好動的，可用沖剋方式化解。

如庚午年、丑時出生者，則可將名字採用加未的字根，或是帶用乙未章戳沖解（未為高溫，天干上面有乙代表可以凸顯，也是庚的財星，而且乙、未、庚午也是天地鴛鴦合），如此就可產生能量化解不動情形，馬也代表火的能量，因此丙午者，則是火上加火，因此其動態是更旺的，故在巳午未此三個月所生者，則其能量更大。

所以離卦用牛做代表，目的也是在詮釋，處事須陰陽既濟，因火代表速度、亮麗，因此以牛穩重及慢慢來個性，教導人們處理事情不要過於決躁，如此才能陰陽既濟。

（二）第三節

震為雷，為龍，為玄黃，為旉，為大塗，為長子，為決躁，為蒼筤竹，為萑葦。其於馬也，為善鳴，為馵足，為赤(魚部加赤)駒，為作足，為的顙；其於稼也，為反生。其究為健，為蕃鮮。

「**震為雷**」，雷是代表聲音，所以震卦在強調聲音，而離卦是強調可以看到的事物，所以是強調電光，因此震在強調耳朵的能量，而離是強調眼睛的能量，所以震是由地底之下的陽爻能量，透過震動微波而出。

「**為龍**」者，是強調與寅卯辰同氣，是代表他的能力，也有傳承之意，如乾卦中的四個龍（潛龍、見龍、飛龍、亢龍），而震卦之龍是傳承於乾卦，即代表長子繼承之意，所以乾卦與震卦以龍為代表，是在言其繼承。

「**為玄黃**」者，代表震是天地所生的第一個長子，雖然在乾卦的類化之中，並無以「玄黃」為意者，只有坤卦言「其為天也為黃」，其義即若以天象的角度而言，天也是為黃色的，所以從整個宇宙來講，黃是代表天，所以就有天黃與玄黃，因此乾坤兩卦交媾就成「玄黃」，是代表繼承大位者。

「**為旉**」者，旉為散佈，代表震動之後，各個區域都可聽到其聲音，而感受到他的威力。

「**為大塗**」者，即為大的馬路，震卦一動，其面積均甚為廣大，以小太極而言，是將面積縮小，而何

以言馬路，是以震卦之象而言，因馬路上車水馬龍來來往往，因此讓土地產生了震動，震卦陽爻之上有很多陰爻，而陰爻代表為物（如坤言眾），代表有眾多的物在陽爻之上而動。

「**為長子**」者，即為龍為繼承之意，繼承了乾父，即震一索而得男。

「**為決躁**」者，「決」代表快速，而「躁」為積極，因此有剛決急躁之意。

「**為蒼筤竹**」者，蒼筤竹是指剛長出來的竹子，因此是代表清翠且嫩的竹子，因為震者，是一陽動於二陰之下，初動已，即言其為先天的丑艮寅之宮位，而此宮位也在言寅木，如寅月是一年的開始，也是代表樹木剛剛由寒冬脫穎而出。

「**為萑葦**」者，震為木、為大樹木，是代表草木長的茂盛亮麗。

「**其於馬也，為善鳴**」，如果把震卦比喻成馬，則代表是聲音很宏亮的馬，其意是內在能量飽滿的馬。

「**為馵足**」者，是言左後足為白色的馬。

「**為赤（魚部加赤）駒**」，是指在作戰中，很懂得衝刺的好馬，也就是善於作戰之馬。

「**為作足**」者，代表馬成人立之狀，其意代表此馬具有很好的行動力。

「**為的顙**」，顙代表額頭或喉嚨，即額頭長白毛的馬。

「**其於稼也，為反生**」，代表植物種子初起發芽，是芽根在上而葉在下，但在成長過程之中，芽根自上而轉下，然後扎根於土中再破土而出，這就是震的反生之意。

「**其究為健**」者，是說追究其原有的本質，是剛健自彊不息，因為震卦☳他有乾卦☰的陽能，由震卦☳之象，以初爻陽爻最有能量，然後往上就慢慢的消失，最後就沒有了，也就是有一鼓作氣，再而衰三而竭之象。

「**為蕃鮮**」者，是代表植物成長茂盛之意，也就

是植物生長繁茂鮮明,整體而言震卦☳是代表木在成長,因此他透過其於稼也,為反生,為萑葦,蒼筤竹,為蕃鮮,各種不同植物及現象來反應其本質,這就是震卦☳所代表的特性。

宇宙間的符號（易經四）第七講（2016/10/26）

一、問題與解說

（一）謹用紅紙書寫神祇名諱，然後立於鑾椅之上供奉，是否應改為雕塑神像為佳？可否於甲申日或月破之日，辦理神祇退神與安神，如不可應於何時日辦理最佳？

　　居家供奉神祇除法壇外，目的是在鎮宅安家，以任何形式供奉，只要感覺適妥就可以，然一般而言，還是以雕塑神像供奉為佳。傳統的擇日學所擇用，大部分是以紅皮通書，所選的喜忌之日而已（適於祭祀、安神之謂），對於六十甲子日期，彼此之間對應關係，就比較不在意，其意即傳統擇日是看喜忌，與相關神煞法為主，其方法原則上只是何月配何日，如此就可做什麼樣的祭祀，但如以老師個人擇日原則，是比較在意天干與地支的屬性，反而不在意那些喜忌及神煞。

　　甲申日也是可以辦理神祇退神，以生剋原則而言，甲遇申是金剋木（甲為木，申為金），此日如是要退除靈氣，因辛、酉即代表神明，如此就可透過甲申去除酉與辛（在陽氣上是有庚金就沒有辛金，有申金就沒有酉金，此二者併存機會是不多），其情形就是果

實成熟了，申的情性就消失了，當然也有可能同時具備了申與酉，即未成熟果實與成熟果實，有時是同時存在的，但這是在有形的事物上才會產生，若言無形之自然之氣，此二者則是無法併存，而且本案中神明又是安立鑾椅之上，而鑾椅者也是為木，因此用此日剛好也有除木之象，所以用甲申日辦理退神法事是沒有關係。

　　至於安奉神位之期日，不要用甲申或庚申之日，另外辦理退神或安神，交由專業的乩手處理為佳，因為他們對於相關儀軌較為熟悉，如果要自行辦理，則須先至天公廟焚香稟報天公，將於何時日辦理退何神祇，祈望天公派天將天兵協助處理，然後擲筊當獲得聖筊同意後，以紅包袋裝少許廟中香爐的一些香灰與香腳帶回來；然後辦理退神當日先以牲禮祭祀，稟報原供奉神明並請其歸回原位，接著擲筊在取得其同意後，就將原供奉神祇一切物品，與由天公廟攜回的，香灰香腳一併化去。

　　退神及安立神位，若要同時辦理時，則可選用壬辰之日，本月為戊戌月，因而壬辰日是為月破（月破者是日與月沖者，而日與時沖者，則稱之為日破，本月為戊戌月，剛好是辰戌沖，如今天為辛巳日，而擇

用時辰為亥時即為日破），如此可否於此日，執行退神或安立神位儀軌。

　　在一般擇日學中，只要遇到日破或月破，原則上都是不執行相關儀軌，其實這只是擇日上的概念而已，以老師個人使用觀念，認為應依據節氣的走向而定，依戊戌月而言，是天干戊土走到戌位，依節氣言天干戊土走到戌位，代表天干戊土養份、磁場與能量即將消失；若是由戊戌到壬辰，在節氣上而言是由陰氣轉變成陽氣，是代表從沒有能量，轉變成為有了能量，所以說此日雖是月破，但還是可以採用的，若是由辰入戌，那就不能用，此現象則是由陽轉陰，由有能量轉為沒有能量。

　　擇日目的是讓那天的種種行事、儀軌及相關之作為，能夠產生那些我們所需要的能量，所以由戌至辰，是從沒有能量，變為有能量喜慶，從沒有養份的土壤，變成為有養份的土地，在此日辦理退神歸位與安立神位，如此神祇也可以回到其原來安身之地；而安立神位也是由陰變成陽，一樣是由不好而轉變成好，代表此日是帶來了好的能量與磁場，因此說此種日期的月破是可以擇用的，相反是辰月遇戌日，就如上述是不能用的，因為這樣的月破，就會把所有的能量都

破除,這就是遇有月破之日,在擇日上所必須區分的原則。

　　如採用壬辰之日,則可用乙巳時(9 至 11 時),若時間因素也可用丙午時(11 時到 13 時),此時辰先辦理退神,代表把能量隱藏於地支(巳),然後安立神位,變成讓乙木可以成長。至於香爐放置位置,原則不可超過神明高度,有關其吉凶位或設置方法,可以參考宇宙間的符號,將難經變易經,第二輯的第十講(日期 2015/11/04),另外也須注意神明香爐不要有耳朵,因有耳朵神明可能會將宅主指為乩身(代言人之意),而安奉神明的目的非為此而來,是為鎮宅與安宅故不要用有耳朵的香爐(若是祖先牌位之前香爐,就可使可有耳朵的,因耳朵也是代表傳承之意)。

(二)何以有些人到了廟宇,會有不明感應或反應?

　　一般而言在廟宇之中,在氣場上是申的陽氣比較強,而人體內的陰氣是為辛,因此到了廟宇之時,由於申陽的氣比較強,所以比較敏感之人,就會因廟宇中的申氣,壓迫到身體之內的辛氣,因而導致體內辛氣產生流竄,所以就會有如打膈,或其感應現象產生。譬如某些人在參加婚宴時,也會有此種忌生喜的

現象，對於具有這種敏感體質者，當新人在逐桌敬酒之時，就不要接受新人的斟酒，就可避免忌生喜現象發生。

（三）如以當下時空（丙申年、戊戌月、辛巳日、癸
　　　巳時、癸丑分），占問購屋，試問其情形為何？

分	時	日	月	年
癸	癸	辛	戊	丙
丑	巳	巳	戌	申

　　若是已經找到要購置房屋，擇問此屋是好或不好，依此八字而言，辛的印星為戊戌（房屋係保護本身之物，因此代表印星，也代表土的結構），此八字有戊戌土產生辛金的現象，因此代表此屋，有戊戌土可以產生辛金，即此房子是能夠帶給他能量，以整個能量來源而言，是由戊所產生的辛金之氣，為澤山咸卦䷞之象。

　　一般而言是辛金陰的能量比較不佳，但此時空卦之中，由丙到巳有祿位，代表好的氣流是可以儲存起來，而不好的氣流則有太陽（火）的能量，可以把他轉化去除，且八字中又有二個巳，代表此屋通風、採

光及其格局,等建築事項都相當的好,然後其落點由辛巳進而癸巳,再由癸巳而至癸丑,最後整個落點在丑,代表此屋當為住家是相當的合適,但如果當為店面則不適合。

　　住家與商店兩者不同之地,營商之處需有人來人往之氣,而且除了氣旺之處外,其氣也須是有所流動的動態之象,但住家之屋就不要有動的氣,因住家所需要的是穩定的氣場,以陰陽而論店面者,須陽而住家就要陰,而此八字中辛金是有受到保護的,且辛金所產生的癸,可以進入丑的空間,而且兩個癸也有兩個巳的能量在照應,因此此房子能量很好,是適合當為住家。

（四）車牌號碼為8963,其情形為何?

　　這是一組相當好的車牌,此牌的最後落點在3,如此8就代表其財,而9為其官星,而6則是代表所表現的能量,也就是其所發揮的舞台,故說此組車牌是很好的,可創造事業,財利佳。

二、說卦傳第十一章
（一）第四節

　　巽為木,為風,為長女,為繩直,為工,為白,

為長，為高，為進退，為不果，為臭，其於人也，為寡髮，為廣顙，為多白眼，為近利市三倍；其為物也，長頸而善鳴，黑赤目，其究為躁卦。

「**巽為木**」巽與震剛好是相錯，兩者屬性，震木☳為陽木是一直的在往下扎根，來吸收地底之下的養分與磁場，然後再提供養分給巽，而巽☴為陰木為伏入，代表其依附震木，然後吸取震木的養分與水分，所以巽為木者，是代表樹木的枝枝葉葉，因此藤蔓、花草都可以代表巽。

巽☴初的陰爻雖也扎根在地底之下，但是因為巽木☴柔軟，他的動能不足，所以入土不深，只在表層之處，故沒有辦法吸收到地層之水，因此只聽澆花而沒有澆樹之詞，而樹（震☳）之不用澆，是因為樹的陽爻在下，可以主動搜尋養分與水份的資源，所以其陽是代表往下扎根，而陽上的陰爻，是代表枝枝葉葉，而巽剛好是相反，所看到的二個陽爻，是代表呈現於外在的枝葉。

先天

兌 2	乾 1	巽 5
離 3		坎 6
震 4	坤 8	艮 7

後天

巽 4	離 9	坤 2
震 3	5	兌 7
艮 8	坎 1	乾 6

「**巽為木，為風**」者，因為在九宮格宮位，先天的巽是在西南方未坤申之位，後天的巽在東南方的辰巽巳，同樣都是在九宮格宮的上部，而艮的先後天則都是在下部，因為艮為止是代表把水收藏，而巽代表氣體、風及枝枝葉葉，而枝枝葉葉者，也是往上成長，代表是可讓人看得見的東西，所以其先後天之位都在宮格上部，而也因在上部才能成為氣流，因此才稱之「巽為風」。

「**巽為長女**」者，在乾坤兩卦交媾中，「巽，一索而得女，故謂之長生」。（乾得坤之一索而為女），因其是第一個生成之女，故也謂之「長女」。

「**為繩直**」者，傳統上繩直是建築工程，所用的

墨盒、墨線，但從能量與陰陽道理而言，繩直，是代表繩與直兩個意涵，繩是代表巽卦的陰爻，而直者是代表兩個點，也就是二個力量的拉扯，因為繩原是軟的鬆弛的，並不代表其就為直，而直是代表上面的二個陽爻，因為只有二個陽爻，相互出力拉扯的反作用力，才能將繩子拉直，所以直是代表二個陽爻的作用力。

「**為工**」者，則是代表動態之能量，如上述的繩是言靜態狀況，而直者是言二個陽爻的反作用力，而巽也可代表蜜蜂，蜜蜂是勤於工作的，因此也有勤於表現之意，而巽木是代表可讓人看得到的，所以是透過動態的工，而來製造木器，所以「為繩、為直、為工」者，其所顯現之意，是在分別靜態、動態與能量現象的表現。

「**為白色**」者，是因為他來自於辰巽巳，然後為丙午丁，是代表所見的白色之太陽光（巳），亦即白天之意，也就是太陽所給予的能量。

「**為長**」者，是代表平地，代表面積，為前後或有左右的表示之意。

「**為高**」者，則是代表往上之意，所以巽的為「繩直、為長、為高」，就有類似坤卦的直、方、大之象，所以《易經》是以不同含意、不同方法，來做卦象的詮釋。

「**為進退**」者，是說其無固定的方向，因此是代表風的不穩定性。

「**為不果**」者，是代表巽木在枝葉茂盛之時，是為成長期，養份供給枝葉，是沒有辦法結成果實的，一般也言進退不果，即不知是要進或是要退，而沒有得到一個結果。

「**為臭**」者，可說是代表一種味道，或是單獨的一種難聞的味道，致於是代表何種味道，則是同時存在的。何以為臭？因為他是在後天東南宮位，是代表花草正在生長，此時正是需要養分，古時此時所施之肥，都是以水肥為主（動物排泄物或植物腐爛後發酵之肥料），因此其味都是臭的，雖然所聞為臭，但經花草樹木吸收轉化，就不臭因此就成為臭。萬物之氣味皆是巽☴風所傳播，所以風是散播，而不是巽☴風有味道。

「**其於人也，為寡髮**」，巽如代表頭髮，以巽而言其多，應該是頭髮盛旺，但此是認為骨質屬陽而堅硬，血肉屬陰而柔軟，故頭髮是由血液生成，而且血液是代表陰者，故當陽氣太旺時，一陰入於下而未上行，血液就會不足，因此就沒有辦法滋生毛髮，所以才說其於人也為寡髮。

「**為廣顙**」，是代表額頭比較寬、比較廣之意，就如風行天下，沒有阻礙之物。

「**為多白眼**」，一般而言陽代表白，而陰代表黑，而巽者二陽一陰，因此是白多陰少，所以言多白眼，而巽是位於九宮格上部，此處為白天之象，故多為白色，因此所見也以白色為多，當然也有生氣之時，以雙眼瞪人之象。譬如離卦 ☲ 代表正常兩眼，他可以正視前方，而火澤睽卦 ䷥ 其上卦為離卦，而下互卦（二、三、四爻）也為離，但就有眼睛斜視情形，所以此二卦的離火，其情性就不同，另外睽卦也代表弧矢之意（繫辭下傳第二章：弦木為弧，剡木為矢，弧矢之利，以威天下，蓋取諸睽），即取其有射箭之時，瞪眼瞄準之象，所以說離為火與火澤睽兩者屬性是不同。

「近利市三倍」者，「近利」代表追求貪圖眼前的利益，「市」可為購買交易。

風瞬間能膨脹好幾十倍，猶如氧氣筒所裝氧氣，能膨脹幾百倍一般；代表購物時以較少的資金，獲得較大的利益；其也有代表花草樹木快速成長之意，因由春耕後瞬間由無變成有，然後一直漫延生長，如利市三倍一般。

「其為物也，長頸而善鳴」，即把巽卦比喻為物象，就是長頸發音的東西，如洞簫、笛子、喇叭、嗩吶等皆取於巽卦的一陰二陽之陽。

「為黑赤目」者，如同前述「多白眼」現象，假如白天在屋外，見了白色天空與發亮的太陽，然後返回屋內，瞬間眼前出現了灰黑的顏色，這就是所謂的黑赤目，是代表視覺瞬間轉換之意，即由亮變成了暗，或由暗而變成明的情性。

「其究為躁卦」者，是說追究其原本的特性，因為他有瞬間的膨脹、漫延所以也為躁。巽在後天為東南方辰巽巳之位，太陽高照，溫度提升，花草樹木蓬勃而生，先天之巽為西南方未坤申之位，此時燥熱，

花草樹葉急於蔓延長生。

　　巽在人物上，除代表長女外，同時也可代表比較資深、已結婚生子而不想再生的女同事，或是可以發號司令的女主管，因為巽大象詞：「隨風巽，君子以申命行事」。

（二）第五節

　　坎為水，為溝瀆，為隱伏，為矯輮，為弓輪。其於人也，為加憂，為心病，為耳痛，為血卦，為赤。其於馬也，為美脊，為亟心，其為畜也，為負塗之豕，為下首，為薄蹄，為曳；其於輿也，為多眚，為通，為月，為盜；其於木也，為堅多心。

　　「**坎為水**」，是因為欠土土不足關係，即因土地低窪而聚集了水，在前講中曾述及，坎卦☵上下的陰爻是代表土岸，而中央的陽爻，代表流動的速度，此速度與離卦不同之處，在於他是看得到的物象，而離卦則是看不到的能量。所以坎卦☵之象，是類似壬水流動之象。

　　若將坎卦平放☵，上陰爻代表了癸，下陰爻代表了壬，若劃成直豎☵陰爻如土岸（己土），而中間陽

爻（壬水）於中央流動，所以出生日為壬水之人，只要制定好遊戲規則，他就會依規則而行，其情形就如兩邊土堤，可以規範壬水的流動範圍與方向，然而癸水者就會不一樣，因癸水是由天而降，是同時整片而下，故不容易有所約束。

反之壬水是經由從天而降的癸水，集中聚集在一個點上，因此才有壬水之人，會依制定遊戲規則而行，而癸水者，縱使已制定好規則，但他並不會遵守此一規則，這就是癸水與壬水兩者不同的屬性。坎為欠土，土一低陷，水一來自然會聚集水，所以稱之為坎☵水。

另外壬水在剛開始之時，會被認為脾氣較大，而癸水則是較為柔順，但實際上其兩者特性不同，即壬水者用制定好的規則就行，而癸水者就須用感情，理性感化方式為之。

「**為溝瀆**」者，溝代表小，瀆代表大；是代表可為小的水溝、水坑、水道、凹槽或是大的渠道，注入海的大河。

「**為隱伏**」，以坎的隱伏而言，是因水會滲透到地

底之下，且其位於北方為暗，因此有隱伏存在，但他並沒有巽卦☴的伏入那麼綿密，坎卦☵的柔是比不上巽卦☴的柔，猶如初春天氣轉南風之時，雖未下雨但地面、牆壁濕漉漉，此情狀即巽卦比坎水更「為隱伏」之象。

「**為矯輮**」，矯者就是將偏的、歪的予以歸正謂之，即把不正的歸正，使曲者為直之謂；而輮者，是把正的予以折彎，使直者為曲之意；也代表坎水在流動之時，隨地勢而行，可直也可曲，因流動而侵蝕河岸作用，把直變成曲，把曲變直之象；勞乎坎，勞亦有憂、行動、忙碌之義。

「**為弓輪**」，是代表箭、弓，弓為曲、箭為直，輪為曲、輻為直其與上述睽卦是有所不同，坎象兩邊陰爻就如弓（曲）一般，而其象也如車子的四個輪子，而中央陽爻就如箭矢（直）。

「**其於人也，為加憂**」，坎水☵是以地支亥為代表，其位於北方，所以是為暗，因此在加憂解讀上，可以用亥亥自刑來比喻（如上述自刑之意），亥時是為晚上 21:00～23:00，此時已沒有太陽能量，而亥水又加上亥水，即有水太旺情形，而亥也是為夜晚，如

此就有暗黑加上黑暗，人處於此種環境就會憂愁之事，「加」為坎加坎相重，憂加憂，因此就有懷恨於心自我生氣之象。

「為心病」者，心是代表火，而坎代表腎水，當水太旺時火的能量就會不足，因此就會產生心病，就如上述加憂內心產生了糾葛、不安。

「為耳痛」者，因坎也代表耳朵，而會耳痛代表有髒水，即類似水有了變化或遭破壞，沒有火產生循環修護，所以為耳痛。

「為血卦」者，在物理上水約佔整個地球的 70%，其是大地流動的血液，而人體上水份（含血液）也約略如此，所以將人體的血液以此為代表，其涵義上也有血在流動之象，所以是強調，人體內流動的坎水，稱之為「血卦」。

「為赤」者，以坎代表人體的血液，乃因血為紅色因此也代表「為赤」，也代表太陽即將下山，夕陽下的海平面，呈現了赤色的景象。

「其於馬也，為美脊」，此處因坎水之流動性，亦

有萬馬奔騰之象，故言如以坎水代表馬，水流動煥然
有文采，故可代表背脊漂亮的馬。

「**為亟心**」者，「亟」謂之憂急、緊急、急切，
坎一陽剛躁居兩陰之中，乃指心浮氣躁之象。

「**其為畜也，為負塗之豕**」，如以家畜來類化者，
是指比較不在意於環境者，坎為水為亥，亥代表豬，
也是指常將身體塗抹泥土的豬隻。

「**為下首**」者，一般指垂頭喪氣、無精打采、提
不起勁之象，但老師個人解讀上，認為是代表動物的
性器官，坎為水、為腎臟之意。因上首者為頭，因此
下首就有此象之意。

「**為薄蹄**」者，代表經過修飾的馬啼，喻前有險
陷，即遇事須加以停看聽，過濾思考計劃後再行，不
要一味的往前衝撞。

「**為曳**」者，是指牽引之意，即行走時腳抬不起
來，如似毫無精神之象，亦與險陷有關。

「**其於輿也，為多眚**」，坎如代表車子，那則是毛

病很多的車子,如離卦代表新車,則坎可代表是二手車,離卦為躁是運轉不停,代表車子也是不停的在運轉,而當車子運行到坎位時遇逢坑洞,故多事故,所以為多眚,已運轉了一段時間,所以至坎位可說是已成舊車。

在坎為耳病、多眚者,是在強調坎的黑暗,也就是要注意坎象,所帶來的危害性與破壞性,就如震卦卦辭:「震來虩虩,笑言啞啞。震驚百里,不喪匕鬯。」應有能驚所警覺的危機意識。

「**為通**」者,多眚為困,然而困窮而通,在序卦傳說:「困乎上者必反下,故受之以井」,雜卦傳說:「井通而困相遇也」,所以此處「多眚」之後「為通」,為先經過阻礙,而後通順;是在代表坎的特性,因坎水具有流動性與行動力。

「**為月**」者,水氣之精為月,先天離位於東方之位為日,而先天坎位於西方故代表為月,在壬水、辛金、丁火者也可代表月,因為坎宮位也是庚酉辛之位,而丁己長生在酉,因此會以丁為月是因為太陽為丙,而另外一個陰則是代表丁,所以丙代表太陽,丁就代表為月亮,因此當離代表太陽,坎就代表為月

亮，而辛是指圓的東西，且長生在子，祿在酉是同屬性且同宮位。先天乾為南方之日，與相對北方之先天坤為月，先天乾為離，先天坤為後天坎，所以離為日，坎為北方之月。

「為盜」者，猶如上講中所言，羊者代表美好的東西，美好的東西要不到就滴了二滴口水叫羨，當美好的東西不見了，剩下盤子，就為「盜」，就如是羊被盜一般，其意即代表羊的巳、午、未，所強調火的氣，在運行到坎位之時，此時火之氣就消失不見，就如同羊被盜一般。

「其於木也，為堅多心」，如果把坎☵水類化為木的屬性，是代表樹木經過寒冬的淬煉，乃一直累積成長，形成由內向外的年輪，也代表是密度高而可成棟樑之材。

（三）第六節

離為火，為日，為電，為中女，為甲冑，為戈兵；其於人也，為大腹，為乾卦，為鱉，為蟹，為蠃，為蚌，為龜，其於木也，為科上槁；其為象也，為文章；其為畜也，為牝牛。

「離為火」，在《易經》的八個卦之中，只有離卦☲會產生光芒能量，如論離卦特性，則有喜新厭舊，忙碌不停，與因忙碌不停，造成感情疏忽，脾氣來去皆快，及快速與亮麗等現象，火所以會用「離」來做代表，是因火是沒有辦法接近的，因此須與其保持一段距離，就如當火勢越熾烈，人則會越往後退；所以「離為火」。

「為日」，日代表太陽，就如上言坎☵代表月為陰，而離☲就代表為日為陽，也就日月交替與陰陽交替之象。

「為電」者，是在強調其光芒，如雷電，雷強調其聲音，而電(火離☲)則是強調其能量，即在強調陽能。

「為中女」，即乾坤生六子中，坤卦的中間一爻，進入乾稱之離☲，再索而得女，故謂之中女，上述言巽卦為長女，有女主管之意，如此離卦為中女，有代表主管之助理的現象。

「為甲冑」，甲代表保護身體之物品，而冑者是保護頭部的東西，離卦上下陽爻代表堅硬東西，上代

表胄而下為甲，乾卦的為胄，因乾為首，故指類似頭盔之意，當然也都是簡稱為盔甲，但詳予區分則有甲與胄，胄者專指保護頭部的東西，如我們所戴的安全帽，是可以稱之為胄。

「為戈兵」者，即是代表武器的一種，離代表速度當速度太快，就容易引起摩擦而造成兩國戰爭，所以若只知往前衝，就會造成心忙，繼而為眼盲，然後是一切茫然，所以離雖為日為亮麗，但也須注意其處事原則，以免引起戈兵之傷，離卦也為午，午也為羊刃，代表一隻無形的刀，故中午之時應小作休息，如不休息，戈兵就會有所傷害，所以此類化也是在警告，人在平時生活上的準則，是要隨時注意防範與預防，以免事故發生。

「其於人也，為大腹」，是比喻其類化為人時是大腹者，即腹部廣大者，當然也可代表是已結婚而有身孕的現象。

坤者為母，是為婆婆之階段，巽為長女代表已不再懷孕生子，離中女結婚懷孕之女，而兌為少女，代表尚未結婚，此四卦可代表女人的四個階段，但在這些卦的類化之中，只有離卦有此大腹類化，因此大腹

者,也可代表懷有身孕之象。

「**為乾卦**」,是因乾、離兩卦在先後天為同位,先天乾為南方之離火,所以離也代表乾,乾也代表離,如乾卦九三爻「君子終日乾乾」,其乾乾即分別代表乾卦與離卦。

「**為鱉,為蟹,為蠃,為蚌,為龜**」等,代表凡是外殼為堅硬的東西,都可以用離卦☲來類化,所以也是帶有乾卦的情性。鱉之外型像龜,肉供食用,甲殼可入藥;與鱉同有甲殼,為節肢動物門甲殼綱;蠃者是指田螺之類的東西,而蚌是指蛤蜊、牡蠣之類及可生產珍珠的貝類;龜為爬行綱龜鱉目龜科,與鱉似,其肉可食,殼可入藥,以上都是外陽內陰之屬性,所以象徵離☲。

「**其於木也,為科上槁**」,指如代表樹木,是指空心的木材,其象就如離卦☲的中央為陰爻是為空虛的,另外也有因火太旺,造成樹木凋萎之意,因此造成樹木中心腐爛成空。

「**其為象也,為文章**」,比喻其象是可以看得到的,指能顯現出於外亮麗的東西,即是才華、文章、

學術表現之意。

「**其為畜也，為牝牛**」，將離比喻為家畜，則他是代表牝牛，牝牛就是雌牛，由此也可瞭解到，《易經》是用陰陽方式來互濟，離者為躁是運轉不歇，所以用牛可以負重，但行動緩慢的個性來調節，也就是離卦的陽能動態很強，所以用比較柔和的動物來作代表，因此就產生了陰陽既濟。

（四）第七節
艮為山，為徑路，為小石，為門闕，為洞府，為果蓏，為閽寺，為指，為狗，為鼠，為黔喙之屬。其於木也，為堅多節。

「**艮為山**」，艮卦☶之象，有地上高物之狀，因此稱之為山。

「**為徑路**」，是代表山接近平地之較平之處，環繞著山的小路稱之徑路。

「**為小石**」，其意是當艮大時如山，而縮小時就如小石，即類似大太極與小太極，當然山中也藏有很多細小的東西，所以此乃在強調大與小的情性，即是陰

與陽的另一個表現。

「**為門闕**」，是因艮卦☶之象，如同一個門，上一陽為屋頂牌樓，下二陰為門柱。

「**為洞府**」，艮為山，上一陽為保護的實心石頭，下面二陰為洞口，供出入保護用。

「**為果蓏**」者，震木長出的果實稱之為果，而巽木則稱之為蓏，此代表艮山之上可穩定長震☳、巽☴之木，能結成甜美果蓏，又艮如同小石，如同一粒粒的果蓏。

「**為閽寺**」，是代表宮殿內（寺）外（閽）的守護之人。

「**為指**」者，艮卦☶之象也如指節，且艮為止，因此也如手指捉住東西，止住東西一般。

「**為狗**」者，是在言戌乾亥之宮位，因此宮位先天為艮卦之位，艮為止、震為起，止人之行為、行動，而戌在十二生肖中代表狗，而狗就是要阻擋人的，故其可以代表守護家園的動物。

「**為鼠**」者，即類似子水於山上流動形象，子的本氣為癸，是由天上而下的雨水，當其掉於山上之後，會順著山坡慢慢的流，成為高山上流動的壬水，其象有如老鼠鑽來鑽去一般。

「**為黔喙之屬**」，是代表嘴巴是為尖硬、黑色，而且用嘴巴撕裂，等啄食方式的動物。

「**其於木也，為堅多節**」，如果把艮類化為木的話，就如同木在成長中會經過大自然氣流之考驗，所以會形成「堅多節」，因艮卦☶之象，就有向上一節一節生長的現象，二陰一陽、二陰一陽，所以代表樹木時，就有由下往上的堅多節，而坎卦的堅多心，是如同水是一直向前往外而流，因而形成由內向外成長的年輪，而節者亦有止之意，艮卦本意在強調止，代表樹木生長過程，是不斷的止了再生，因此就產生一節一節之象，而堅多節也可強調，是乾燥後的竹子，因未乾燥竹子，整隻則是柔軟的，但當乾燥之後其節就為堅。

宇宙間的符號(易經四)第八講 (2016/11/02)

一、問題與解說

（一）報載西洋萬聖節當晚，有學生扮成靈界人物慶
　　　祝，結果造成集體身體不適送醫，此是否係因
　　　冒犯了靈界，而產生此一現象？

　　此種情形應可從兩方面來分析，其一從靈異現象
來說，這些現象並不是因冒犯到靈界人而發生，原因
在於學生扮成靈界物象時，靈界者把他們認為是同
類，而且這些學生所表現出來，又是極為的有活力，
因此靈界者就想附著於這些人的身上來表現，所以瞬
間就造成這些學生，產生嘔吐、頭昏、目眩，等身體
不適現象。

　　其二從實務或醫學角度來分析，這些學生有可能
是亢奮過度，而且體力透支所致，因集會在密閉空間
中活動，導致氧氣不足因此造成缺氧現象，所以產生
頭昏目眩身體不適。至於真實情形為何，一般人也無
從得知，只能說此二種情形中的任何一種情形都是有
可能的，當然也有此二種情形結合而產生，這只能由
個人的角度去揣測。

（二）傷官其意為何？

何謂傷官？以女命而言，我生者是傷官、食神（請參考老師所著，萬年曆 27 頁女命六親表。以女命日主來定位時，傷官為女命的兒子、食神為女命的女兒），並且認為傷官會剋官所以不好，而食神則代表有吃的福氣所以是好的。在古代之時八字學者的傳統邏輯，認為女命只要具有傷官之星宿時，那就會有傷官剋官情形發生。

譬如女命的日主天干為丙、月柱為癸，時柱為己，此象癸是為其正官，而己則是其傷官（請參考老師所著，萬年曆 21 頁天干十神表），在天干生剋上，陰天干會剋陰天干，上述組合己、癸兩者，又都是陰天干，因此己就會剋癸，造成所謂的傷官剋官；然而有此觀念，是因早期社會形態，女子無才便是德，妻子以夫為貴的陋習。

以現代觀念而言，傷官是代表一技之長，或是有特殊的才藝，而且其才能也能夠，適度的表現出來，但食神就無法像傷官那麼自在的表現了，若是現代女孩子沒有傷官，其實也是很可憐的，但當本身傷官很旺時，如與丈夫相處，就必須懂得進退，即懂得坤卦順柔之原理，也就是應了解到先迷而後得，凡事由丈

夫去表現，自己在後面加以協助。

所以時代背景不同，其用法也就會有所不同，早期娶妻之目的，除了傳宗接代外，也是期望她能夠專一照顧家庭，如果此女帶有傷官，那他就會想要有自己舞台與事業，如此家庭中的一切事務，將要由誰來處理，因此就認為傷官剋官就是不好，在現代的社會當中，亦在所難免仍有此現象的存在。

女孩子命局中傷官太強，亦難免也會壓迫到其丈夫，因此其夫就會產生退避情形，然而在當前的社會形態之下，每個家庭大都是雙薪者，所以女孩子不具傷官，其實也是不太可能，唯有就是當與丈夫相處，懂得進退的坤卦順柔之理，就能了解到先迷而後得之道理。

（三）女命之人皆無正官星、偏官星，但有傷官，如此又會如何？

從女命的角度日干丙火，其母親為甲木，如八字中沒有天干的甲木，或在地支之中沒有寅木，如此是不是就代表此女沒有母親？如果其沒有母親，那他是從何而來，再來丙火的父親為辛金，在整個八字之中，如果沒有天干的辛金，或地支的酉金，是不是代

表此女就沒有父親？相同如沒有父親，其又從何而來。

所以在八字之中，每個天干、地支，所代表的每個星，只是一個符號而已，是透過不同的符號，來表達不同情性而已，而非因沒有何干支，就代表他缺少了什麼。

再如女命月柱為己酉、日主為己酉，而在整個八字的其他各柱中，也沒有出現天干的甲，或地支的寅，如此是不是代表沒有丈夫，另外此女又有雙己是有比肩現象，因此會不會產生與人爭搶丈夫情形？還好是此組八字之中，都沒有出現正官（甲），假設正官出現在年柱時，代表此正官會先被搶走，此象就有此女是與離過婚的男人結婚，不然就是他的丈夫，在與其結婚之前，與另一個女孩有一段感情，是在感情消失後才與他結婚。

假設甲木落點是在時柱，如此代表在結婚之後，其丈夫還有其他對象，所以此八字之好，是好在沒有爭合現象（在上第七講曾述及，如有相同的字根，就會產生自刑），因此就不會與人爭合同一個男人，而要化解此情形並非容易，只有將人物轉化為事項才有

165

可能，就是將爭合同一個丈夫現象，轉化合為二個人的共同事業才可解決。

　　上述狀況原因在於，甲木為女命己土的正官，所以甲木會被二個己土來爭合，在爭合之時，如以人物而言，代表與他人共有丈夫，若將其轉向於事物時，則是構成二個人合伙作事業，如此就可化解此象，因為有此種象之時，就會透過此形象來彰顯，另外在八字沒有的東西，並不代表其就是沒有，只是代表其不在意此一東西而已。

　　在八字之中分別有分宮位與星位；何謂宮位？何謂星位？有時聽起來會模糊不清，星者指十天干與十二地支，可用十神法代表，而宮位者是年、月、日、時之天干、地支的宮位（可參考宇宙間的符號，將難經變為易經第一輯第三講，66頁），所以當沒有星位時，就可以找宮位，因為宮位一定存在，譬如要找一個人，而此人每日東奔西跑，很難有確切時間，但他每日的某個固定時刻，或每個星期的某個固定時間，都會在同一地點出現，所以只要在此時間與地點，就可以找到此人，即在某一空間的某一時間，就是所謂的宮位，也就是我們常說的父母宮、夫妻宮、子女宮…等，稱之為宮。

　　另外在八字之中，如果有所代表的星宿（干、支、十神）出現，是代表所比較在意，該星所代表的人事地物，如果有沒有出現，是代表比較不在意，譬如大家都會認為，八字中要有財星最好（金錢、利益、感情），但是萬一八字中沒有財星，那怎麼辦？其實其象是八字中有財星者，代表其比較注重金錢利益，感情及其所擁有的一切；難到八字中沒有財星，就都沒有這一切了嗎？

　　再譬如沒有印星，那是不是就沒有父母、貴人、房子，或是其他保護自己的一切事物？實際上其象只是，代表比較不在意有形的形象或文品等，這些物質的概念而已。

　　以財星而言因為沒有此星位，反而不會受感情牽絆，而影響自己心境，也不會因為有錢，或沒有錢而來影響心思與作為，所以有或沒有只是代表，比較在意或不在意罷了，因此有時沒有代表的星，反而心境會更廣闊，所以現代人之思維，必需將傳統思維作為轉化，不要被那些神煞、十神名稱而所有受限，如此才可符合時代的需要。

（四）生肖屬牛，名字最後一個字為倫、昱者，其情形如何？

在傳統上屬牛者名字上有倫字，都認為他是被關在籠中（倫字內的冊字有如柵欄），所以無法發揮所長，但以老師個人角度，則認為是很好的名字，因為其處事是按部就班有條有理，作事會先經過規劃後才執行（倫字內的冊字是縱橫經緯之象，是代表有條有理結構組織），而且懂得應用人際關係，製造氣氛，心思敏捷迅速，且思維想法亦能與人際關係結合，所以能造就其財富。

由上述說明可知，對於姓名好與壞，不要老是往壞的方向思考，而來改變其名字，要知名字是長輩對你的期待質，最重要的是任何文字，都有正反面意思，所以不要單看名字，就依樣畫葫蘆認為不佳，還是要多方配合，才能詳盡說明與解析。

生肖屬牛名字有昱字，姓名學老師認為是日正當中，立於太陽之下，是甚為辛苦所以此名亦不佳，但要請教同學是可以行動自如好，還是如植物人般不動好呢？

因為子丑合者，子水被丑土凍結，也可代表植物

人的現象，而此名字日立，代表現在還能行動自如，而且能自立自強、珍惜自己，實現自我，創造價值如此何以說是不好呢？唯一要注意的是有丑者，不要取有午、未的字根，而此昱字是可以的，因為太陽不代表高溫，而是代表亮麗，而且我們是人，是有屬牛的那種勤勞且腳踏實地、堅持、固執己見、主觀的個性，而不是動物的牛。

　　若昱字之旁再有火字者（煜），是代表此人處事積極，但因火代表急性，所以必須注意處事的持續度，如果我們不論生肖而論屬性，如此任何生肖取到此字根，都是有此屬性存在，而且取到有日的字根者，任何事情都會攤在陽光之下，而沒有辦法加以隱藏，所以凡事想隱藏者就不要取日的字根，因其跟生肖動物沒有關係，如果經營行銷要讓大家知曉，就要取日的字根，如此行銷的速度會比別人更快。因為日的字根太陽是在最高處，代表大家都能夠見得到，所以不用花大錢廣告，大家就都可以見到，這種情形與吉凶無關是與現象有關，所以說朝此方向來解釋，會比較接近實際情形。

（五）名字有昌澤兩字者，其情形又是如何？

　　昌澤兩字是否有火澤睽卦 ☲☱ 之象，如果直接取

丙辛,就有火澤睽之象,因所取的字為澤,而澤代表有的水出現,當有水出現時是丙辛合(傳統上是丙辛合化為水),即他是期待水資源的出現,而此水亦是其官殺,若以丙的角度而言,丙的水就代表官殺,而官殺是代表職務、職責與責任感,所以當官殺出現時,就不會因為感情、利益而蒙蔽自己,而且也懂得約束自己。

另外名字是昌澤,代表此澤有二個日,而此二個日即有丙午之象,而澤者有辛金、酉金之象,是為火的財星,而且其落點的澤,本身即有三點水,代表水資源已出現,所以說此人不會因感情、利益而來蒙蔽自己,而且澤又是火的財星,所以說此名字者,賺錢很容易且機會也很多。

(六)先、後天方位運用簡說

在言方位之時,都是用後天的方位,而何謂後天的方位,也就是當下所接觸的方位,如24山的方位,一般而言八卦方位,是先天為體,後天為用,也就是說要用就是用在後天,以後天而言甲卯乙之位為東方,辰、巽、巳之位為東南,丙午丁為南方、戊己土為中央,未坤申為西南,庚酉辛為西方,戊乾亥為溪北方,壬子癸為北方,丑艮寅為東北方,因此其順序

在後天東方是為震卦、巽卦，代表樹木在成長，而樹木必須要有太陽的能量，然後再經過考驗（未坤申），於考驗之後再產生好的結果，然後到戌乾亥位的太陽下山，再進入勞乎坎，這些也是說傳卦第五章所言的方位。

　　現在所探究的象，也是透過這些後天方位來佈局，在佈局上大都是指室內而言，因為室外者比較無法加以掌控，因此室外大部份是用來論斷，因為透過這些現象就可以取象論斷，也就是外在環境是用來論斷，而內在環境用於擺設佈局。

　　而佈局者也有二種方式，第一如辦公室時，可將之畫為九宮格，然後將辦公室立於其中央，接著以羅盤仗量方位以確立各方之位，當然也可以用當下立太極方式，即依當下所站之位者稱之，來仗量確立方位，然後對有作用力的方位擺設佈局（如門口或其動之處所，因吉凶悔吝生乎動），在屋外者因有巽風氣流作用，所以也是有動的現象，所以也是相同的在有作用力的方位擺設佈局，如果在沒有作用力的方位，擺設佈局那則是沒有作用的，但這些現象都是與個人心境有關係，有時候不是物品的吉凶，而是心態上所產生的吉凶。

（七）陽宅東西四命吉凶簡說

在八宅遊星盤中陽宅的東西四命（老師所著萬年曆第 30 頁），之四吉方與四凶方這是傳統學理的邏輯，但以老師個人在使用上，認為這些邏輯對錯各半，至於所謂在民國 132 年之前為吉方，而此之後又為凶方，這是基於所謂的三元九運的推論（可參考老師所著萬年曆第 29 頁，三元六十甲子男女命卦速見表，及八宮吉凶表）。

三元九運每運是 20 年，現在是走到八運，八運是從民國 93 年開始至 112 年，是為艮命而艮為少男，所以國家的主宰之人是比較年輕化，而接著是離卦的九運，為 113 至 132 年，離代表中女，也就是女性出頭，即國家有女總統出現，如果以八運的艮土而言，因土分別有艮土、坤土、而金有乾金、兌金，所以此四方位，在艮運時為吉方，如果是坎、離、震、巽就代表四凶方，要知道這只是傳統上的概念，所以老師並不這麼用，也不這麼認為。

另外一個三元方式，是用來氣及當運之氣，而退氣代表不好。當現為八就須用八的當運及用九，也就是說須要有離方（九）來氣，因為這是下一個來氣，即八之後會變為九，也就是用未來之氣，如此即代表有

生氣，若是用七代表是走過之氣，是為退氣，也就是說除要有八的艮方來氣外，南方的離方也須要有來氣，來氣是代表得到當時之氣，其氣是旺的，其他的氣則是還很久，所以比較沒有作用，如八運用六、七者因時運已過，其氣就無法使用，這也就是三元地理的一種用法。

然而有所謂當氣不好時，可以用水或木當介止（水放於衰運之方位，稱之旺水），來改變其氣之言，這只是學理上的推演而已，並沒有辦法代表真正的好壞，如此是不是就沒有風水地理之說，個人認為還是有風水地理，但好的風水地理是留給有福德之人，所以說人定決對沒有辦法勝天，故不要與天抗衡，而是要順天而行，也就是順著四時而動。

二、說卦卦第十一章

第八節：兌為澤，為少女，為巫，為口舌，為毀折，為附決；其於地也，為剛鹵；為妾，為羊，為美婢，為少爻。

「**兌為澤**」，是言兌代表沼澤，如果是以坎水為澤，如此下方是為空，因此水就會流失，而且坎水也是在強調流動之水，坎上面也是空的，所以會溢流而出，

因此亦沒有辦法承載，而以兌代表澤，其下是密實的，因此是不會流動，就可以儲存水資源稱之為沼澤，而先天的兌是在東南方，是後天辰巽巳之位，而且辰者是代表水庫，所以說先天的沼澤，實際上是要儲存春天所下的雨水，然後做為夏天的農作物灌溉使用。

兌卦☱於後天的沼澤（西方）是在儲存後天的水資源，因此時的水流會有氾濫情形，因此透過此沼澤加以承載，以避免氾濫成災，所以後天的兌有畜洪池之作用，也是作為水資源調解與分配，因此二者結合即為水澤節卦☵☱，所以後天的沼澤是用來調節水資源，而先天沼澤為水庫，是在儲存水資源，所以兩者的屬性就不太相同。

「兌為少女」者，如前第十章所言「兌，三索而得女，故謂之少女」，而少女二字結合為妙，以字義而言妙字是少了女子特徵之象，所以是代表缺少女孩子的象徵，若此字在名字第二個字，則女孩子本身或其兄弟姊妹，胸部會比較容易有問題，如在最後一個字，則是代表下半身少了女性的象徵，或是代表沒有生兒女，至於二者何者為是，可以說此二種狀況是同時存在。

譬如雀字，雀有吵雜呼叫之意，是代表說話能力，因此在名字第三字，則有子女少了講話表達的能力，或是有嘴唇容易受傷的現象，所以儘量不要取有少的字根；但如果是單獨的少字，因沒有確定少了何物，所以就比較沒有關係。

「為巫」者，巫字之象有如一個大宮殿，而其中央隔著牆壁，但兩邊之人雖有所阻隔，但還是可以溝通，而且在字體情性是陰陽並存，所以人字一個為陰，一個為陽，即一個為明一個暗，所以是代表人與鬼神的溝通者，因此稱之為巫。

「為口舌」者；代表是人的口與舌，口不動為靜所以代表為陰，而舌頭會動所以代表為陽，所以也是代表乾與坤之陰陽動靜，即代表沼澤儲存之水，是可以用來育養萬物。

「為毀折」者，前言兌為喜悅，而現言毀折目的是在告誡，不要喜悅太過，因太過了就會造成毀折，所以何時喜悅何時毀折，都是一種告誡，但在我們的學理之中，澤山咸卦☱☶是代表喜悅之象，當由酉到戌是順著四季四時，因此就能有所豐收，而豐收之時當然就有喜悅之象，如果由戌變成酉，就容易有毀折

之象，所以此處在告誡不要高興太過，反而需要有所節制，否則就會成為毀折。

「**為附決**」者，附為依附，兌為辛金、酉金，可以代表是成熟的果實，而果實是依附於果樹之上；決者，是為決斷、分割脫離之意，所以當果實成熟採收，或落於地上，即謂之「附決」。

「**其於地也，為剛鹵**」，此處亦有陰陽對立情性，陰者屬不可用之水，陽者屬可用之水。前言兌為澤是在儲存水份，而這裡又變成「剛鹵」，是代表儲存的水，如果太久沒有流動，就會發臭且會成為鹼水，產生質變如此土壤就會硬化，而「鹵者」，也是代表離質很多，具有鹼性，不適宜耕種的土地。坎於先天為西方兌卦之處，說文解字：「鹵，西方鹹地也。」鹵也是自然生成的鹽。

此處的屬性有酉遇亥的屬性，因此在八字中如果酉遇亥，就是有「剛鹵」的情性。

「**為妾**」者，兌為少女、為小，所以也是古代女子對自己的謙稱。妻與妾的差別，妻也可同樓，而樓是動物休息之處，樓去除木字，代表男女組合，男子

配偶為妻，所以妻子依附於丈夫是為棲，因此妾者，是代表立於後面的女人。

「**為羊**」者，羊之字像如同兌之象，故類化為羊，但也是代表為喜悅為好的，如之前曾述及所有美好的一切，會以羊來代表。

「**為美婢**」者，是代表美麗懂事、有才能的女庸或助理。

「**為少艾**」者是代表年輕漂亮美麗，且還不懂事的女孩子。所以「美婢」是有實際的工作經驗，而「少艾」還沒有實際的工作經驗。

說卦傳上之類化，其目的在於提供做為人事地物之運用；譬如「剛鹵」者在八字上是酉遇亥，於土地沼澤中被汙染了，水不能灌溉，土地不能耕種，就是「剛鹵」的現象。

於地理環境的事物運用上，假設人立於大門（先不討論房屋的座向，如果於屋內中庭，或是在位著固定以後的方位，亦具有相同屬性），然後丈量出去的地方為兌卦，如果在此處看到一棟大樓，而大樓之上

有尖銳的東西（如避雷針），如此就會陳現出，兌卦
中一些類化的現象。

以此尖銳的東西而言，是有火的形象，而火有丙
火、巳火與丁火、午火之分，而其位為兌之所在，如
果有丁火的不悅時，就會讓其產生毀折、破壞，產生
形煞的現象，所以就言兌為毀折。

如是丙火的喜悅之象，就會有兌的喜悅，因此就
無所謂，但這是以個人心境而言，並不代表居於此屋
之人都可以如此，所以說只要看到此現象，讓自己心
境產生不舒服，就會形成毀折現象，毀折所代表的是
內部的酉金爛掉，也就是午破壞了酉，如此住於此屋
內的人，身體就會產生潰瘍的情形，而且是沒有辦法
掌控，如有此象用八卦鏡、山水鎮也是無效的，而是
必須以辰加以收伏，即畫一個辰字，或書寫兌為澤來
加以收伏。

再如所對到的是艮卦之位，而且又是自己所討厭
的現象，因此居家之處，就有如艮卦類化的為鼠，為
黔喙之屬現象，即容易遭受盜寇、小偷，而且也會有
很多的老鼠，或其他所不喜歡的動物，若要防止小偷
入侵，可能就是請保全人員加以阻擋，而艮卦制化可

用樹木花草（艮寅），將艮方之物形象予以掩蓋。另外如果看起來是有喜悅之感，如此就有果蔬之象，即做任何事都能夠得到豐收。

　　對於上述這些現象，最好方法第一就是轉念，第二就是用有形之物來制有形，也就是看其來不舒服時，就用一個看其來比較舒服的有形之物來加以掩蓋，所以講這些類化目的，其用就是在於生活上所遇到的景象、事物。

宇宙間的符號(易經四)第九講 (2016/11/09)

一、問題與解說

（一）房子位於台南市佳里區佳南路，數字總合為
22510，已邀售一段時間但都未賣出，如無法
賣出可否留當自己使用。

總合數字為22510，再加上位在佳南路，佳南之
南代表數字為3，如此整體組合為322510，因沒有到
現場去瞭解房屋狀況，是單獨由此房屋數字來解讀，
從數字屬性而言。

佳字是二土堆疊故非己土；譬如仕字是單獨的土
字，就可代表為己土，所以仕字是人在己土之上，而
人在己土之上，其意代表不會固定在一個點之上，而
不固定在一個點，代表有發揮空間，所以仕字有雷地
豫卦☰☷之像，以干支而言即為甲己合，而甲在己土
之上，是為根基不穩固，因此代表隨時隨地可以自由
發揮，如甲在戊土之上，就代表固定在一個點，所以
古德才言「仕途無限」。

但雷地豫卦☰☷為甲己合期待土，所以同時也有
猶豫及不穩定的現象，然而要如何解讀，只可說這些
現象是同時存在的，因此須依當下的情況來論斷。譬

如名字有佳字者，在不論吉凶的情形下，依據此字的特性，本身不是住於極小的巷子內，就是住於高樓大廈，因佳字是兩土相疊，不是房子重重疊疊的巷子，就是代表大且架高的高樓大廈。

由上仕字解析後，可以知佳字為二土推疊就有5的象，而人字旁為甲木（凡是人字旁者都可代表甲木，因為人是有生命，而五行中只有木有生命），所以整體數字就為5322510，以此整體數字而言，是可以留下來自己使用，當以數字論斷時，最後的一個字是為主體，因此由 0 字來推論，其與其他數字上關係，0是不會受5（戊）的約束，代表在工作上屬性，是可以自由自在，而且佳南路的南字火代表3，因此能夠讓 5 有能量，對應至此都是可以自由自在的發揮，而且0遇1為傷官，也代表有機會舞台可以表現，所以是可以留下來自己住。

在數字斷法之中，我們可分成二方面來論，第一方面是在強調主體數字0，與其他數字關係，並不強調數字間彼此關係，所以說此數字是0與1、5、2的關係，所以簡而言之代表住於此屋時，只要願意付出就可獲得想追求的利益。因為癸水（0）是從天而降，所以是必須懂得付出，如此其面對的所有東西，都可

歸他所有，癸水若不育木就顯不出其功能性，如此前面的所有東西，就會成為虛有，所以說只有能付出，才能擁有那些東西。

另一方面當所有的東西都是屬於我所有時，自己應該如何來應用？如上一講所言「外在形象沒有辦法改變」代表外在環境是用來論斷而已，即我們只能根據，外在的這些現象，兩兩一組而加以論斷解析，就能了解其組合能量。

另外賣不出去，或許是為讓本身留下來住，要知道房子賣得出去，並不表示就是好，相反賣不出去，亦不代表不好，因為整體數字是相當的好，所以是可留下來自用，如前述5遇0，代表工作不會受到約束，可以自由自在，而5會釋放水資源，所以財是憑空而降，有主動而來的現象，即可將別人之財，化為自己所有，所以留下來自己住，是非常的好，以房屋價值而言，約值有九佰餘萬，但如議價購，約可議價至八佰萬元。

（二）以當下時空為卦，問女兒與人合伙經營事業，其狀況為何？

當下為丙申年、己亥月、乙未日、辛巳時、戊

子分。

分　時　日　月　年
戊　辛　乙　己　丙
子　巳　未　亥　申

　　提問人是直接提問女兒，故此卦可直接代表其女兒（若是先提問他事以後再來提問，就必須以提問人的官殺來找其女兒，以此組時空卦提問人的官殺，則為庚金），問自己的女兒是會準確的，若是問他人之兒女，就不一定會準確，因為別人的兒女與自己無關，而自己的兒女與本身有關。

　　提問的主題是女兒欲與人合伙做生意狀況，以卦象來解析日主的乙未即為女兒，代表乙木自坐在未，因此有風地觀卦▆▆▆的象，觀者代表可以觀賞，因此代表此女很有自信與能力，其是欲與二男生合伙，而日主為乙木，因此男的合伙人就為甲木，而此組時空卦並無甲木，有的只是暗藏於亥中的甲，所以亥中的甲，是為乙木的劫財，也就是乙木的合伙人，而甲本身的天干為己亥，所以己亥本身要合伙的對象，是很有自信且能力也不錯，然而在屬性上，因乙木比較不喜歡亥。

另外月柱己亥者有地水師卦 ䷆ 現象,但因其主體是在亥,所以有水地比卦 ䷇ 的象,比字代表同方向,目標一致,故剛開始之始都可同心,然因乙木遇甲,最後會被甲木所困,即最後乙木會依附在甲木之上,而且乙遇亥是代表乙木在亥月,因此就會受到一些阻礙,所以其象是開始之初,大家表現都是很熱情,但最後的落點在子,而子又是辛金的長生,因此整個象顯示,合伙狀況最後不是很好,應再重新規畫與檢視契約書契。

這現象最重要的是以男的為主,而代表男的是亥中的甲,而非真正的甲,若是在規劃階段,就必須做一些微調,因一開始就有一些錯誤,木的屬性也是代表規劃,從乙木的角度,亥水是代表印星,而印星代表文書制度合約,所以說在制度合約上有一點瑕疵,因此到最後乙木會有折損,故建議應稍做規劃的調整,或是可從合約上修訂調整。

(三)陽台可否種植七里香

七里香樹可以種植於陽台,以陽台而言最好不要種植會開花的植物,若是要種植會開花的植物,就必須是持久性的,而非短暫幾天的花類,更不要一日變化很大的花草,另外藤蔓類的植物也不要,因凡是交

錯攀爬的乙木都是屬陰，更不要重植有刺針的植物，如仙人掌類的東西，因為刺針是代表一種官煞，如此本身就會承載責任與壓力。

（四）香爐旁香灰可否用吸塵器清理？

香爐旁香火用吸塵器清理是可以的，原則上以乾的抹布擦拭，如有油脂之類再用濕的稍為擦拭，即剛開始不要用濕的東西擦拭，如有擦拭不淨時再用，唯要開始整理之時，應先向予以告知，以避免驚嚇到神明或祖先。

（五）土地被政府不合理徵收，因而引起爭訟，現以丙申年、戊戌月、庚寅日、乙酉時、丙子時之時空，問應如何處理才能獲得公平對待？

分	時	日	月	年
丙	乙	庚	戊	丙
子	酉	寅	戌	申

丙申年、戊戌月、庚寅日、乙酉時、丙子時，此八字即有天水訟卦☰☵及火水未濟卦☲☵之象，所以彼此之間還是有再爭訟的情形，因為丙代表政府機關，而火水未濟卦☲☵，雜卦傳言「男之窮也」，代表政府的主管單位是佔不住腳，只是胡亂的加以應付

185

而已,同時也有政府單位是被金錢利益所蒙蔽,原因在於辛金長生在子,所以就會發生爭訟,然而由於丙庚同氣(天火同人卦 ☰☲),代表此二人都是佔不住腳,然而公務機關會用各種壓力來震嚇,讓一方沒有辦法說明,而且庚金之財乙木又自坐酉金,因此有損財之。

所以必須花錢透過律師,尋求其他的管道,另外一方有丙,而另一方有申,所以如能佔得住立場,就能夠得到要討回的公道,其中戊戌是代表太陽下山是為暗黑之意,所以戊戌是代表目前的一個阻礙,因此雖有名正言順的產權,但目前是遇到戊戌(太陽即將下山)的阻礙,所以須用丙火的力量來處理,因此可以透過,代表丙火的媒體來加以曝光,或是民意代表力量來協助處理,如此才能驅動庚,讓庚獲得所要的公理。

(六)綠紅橘黃四顆氣球,飄至同一個座位,那代表何意?

代表以前心想之事,最近一定可以完成。

(七)我剋為財的內在意涵

我剋為財在天干的搭配下各有不同涵意,如甲

木與己土之合的象，甲己轉為數字則為 1、6 或 6、1，前曾述及門牌號碼為 16 或 61 者，是女主人掌權，因為是由 1 回歸到 6，那麼 1 會依附在 6，此象也是我剋為財，但是因為我剋為財之財，並非都是自己所能掌握的財；再以人事地物而言，我剋為財，財者是代表屬下，如是代表男女關係，則是異性朋友或太太，也代表他是永遠會聽自己的，但如是乙木剋戊土，戊是乙木之財，是乙木依附在戊土之上，反而是自己聽太太的。

　　所以我剋者為財，就有二種現象，一種是我為他（財）奔波忙碌，另一種是我的財星，如格局是壬丁者，然而此財就可以讓壬，得到正面的能量及金錢財富，因為是溫度可以儲存於水中，也就是水火既濟卦䷾的象，所以說財有十種，也就是十天干所配的財星，因此有十天干就有十種財，而此十種財都有不同的屬性與功能性，所以不可一概而論財星為何事，而是要以五行的屬性，與配置對象來論斷其結果，所以須看天干屬性為何，如此對我剋為財之意解析，準確度才會比較正確。

（七）文字與姓名內涵

　　任何的文字都有正反兩面之意解，所以在姓名

上不管如何稱呼，其內涵完全是含有正反兩面情形，所以說好與壞的名字，都有他的流年吉凶，而且名字只要有人稱呼就會有靈動力，所以除非名字是自己所討厭不喜歡的那就要改，因為自己不喜歡時，就會干擾到自己生活頻率，所以說除了如此以外，那就不必更改了。

　　因為改了名字未必就是好，且改了名字也是對不起祖先父母，這名字是祖先父母對你的期待質，而且最大原因是任何名字，都有正反兩面意義與其流年吉凶。所以改名改姓不如改個性，因為同樣的事件，在不同行業別的人見到，就有各自不同的心情，就如同姓名一般，因此也會引起不同心境，所以命運是可以更改的，只要透過不同思維與觀念，那麼情緒與穩度就在改變，所以說角色與角度是很重要的。

二、序卦傳上篇

　　「**有太極然後有乾坤，有乾坤然後天地之位定焉，故受之以乾坤始焉**」，大家時常琅琅上口的，無極生太極，太極生兩儀，兩儀生四象，四象生八卦，所以說太極之前就是為無極，是代表一種無限的空間，也就是無法衡量其大小之意，所以無極可代表是宇宙大爆炸之時，然後經過無數億年的慢慢凝聚，而形成

地球並進入冰河期，接著不斷的演化，才形成當前地球的樣貌，所以現在的生活空間，與地球剛形成樣貌已是完全不同。

所以是由無極而太極再有乾坤，所以太字一橫是一畫開天，而一者代表十二地支的子，因此有天開於子之象，而左一撇就如地闢於丑，而加上了右捺一畫就為人字，所以是人生於寅，三者組合就為大，而人字撇捺二畫，是可以無限延伸，所以大字可以代表宇宙的大空間，是沒有辦法限量與衡量的，然而其中的一點，有如文字構成中六書的指示，代表在這麼大的空間之中，所使用的就是這一點而已，有如刀之刃，大石中之玉，而此一點也是代表當前所看得到的，地球空間及一切事物，因此才稱之為太，所以太字代表大到無外而小到無內，因此說有了「太極」之後才有「乾坤」。

由一而二成乾坤，乾坤就代表有了上下，而有了上下所以天地之位定焉，故是在強調定位了天與地、高與下、陽與陰的組合，所以是在強調子午線的關係，稱之通「天地」，而子午線也是代表宇宙間給予的能量，即是通天地之義，所以有乾坤後，天地之位定焉，代表定了天地、高下，所以受之以乾坤始焉，

即一切事物透過乾坤始焉，雖言乾坤開始，但「始」字者，其意是在言「乾」字，陳如乾卦的象傳開宗所言：「**大哉乾元，萬物資始，乃統天。**」，所說「始」乃言乾，即在言一切的陽能。

然後接續的「**有天地，然後萬物生焉**」，此處之「生」是在言坤卦，坤卦象傳：「**至哉坤元，萬物資生，乃順承天。**」所以乾為資始、坤為資生，而此天地仍是代表乾坤，只是以不同的文字來代表，所以說要讓萬物生長，必須透過大地的坤卦為之，也就是萬物的資生，而且是順承於乾的陽能。

「**盈天地之間者唯萬物**」，盈者是代表充滿聚集之意，所以充滿聚集在天地之間的一切是為萬物，其意是天地間充滿無限多且有動力、活力與能量的東西（萬者代表無限量及有活力與能量的生物），即當前所用一切生物分類的「界、門、綱、目、科、屬、種」的一切，如界者有原核生物界，原生生物界、菌物界、動物界、植物界等五界，所以說充滿在天地間，就是這一些生物。

「**故受之以屯。屯者，盈也**」而這個屯是從何而來，上言天地定位，然在後天八卦西北偶是為戌乾亥

位，是「龍戰於野其血玄黃」，也就是眾陰在搶唯一的陽，是為陰陽交媾的「戰乎乾、勞乎坎」，所以「屯」者是指此方位的亥，而亥是指為陰陽交媾後，種子掉落其中的地方，而亥者在十二辟卦之中代表坤，在納甲中乾納甲壬坤納乙癸，但亥中內含了壬甲，所以又是代表乾的陽能，因此亥具備了坤土與乾的陽能，這就是陰陽交媾之後的產物。

所以所有的生物一開始之時是溶入在水中，如嬰兒是由母親腹內的羊水所保護，也就是有生命的東西是透過水來保護，所以亥本身就是代表乾坤的陰陽交媾，因此在十二地支中言甲木長生於亥，此也在言**「盈天地之間者唯萬物」**之意，**「故受之以屯。屯者，盈也」**。

所以屯(ㄊㄨㄣˊ)是代表充滿聚集、多的意思，所有的東西是聚集在一起，所以播種之時是撒下很多的種子，因此乾坤交媾之時，非只有唯一的一個而已，也就是代表多而非只有一個，因此說六十四卦「屯」其義是有屯(ㄊㄨㄣˊ)的涵義而沒有屯ㄓㄨㄣ的義涵。屯(ㄓㄨㄣ)是代表處境危險，前進困難，也就是實際上屯ㄊㄨㄣˊ包含了屯ㄊㄨㄣˊ與屯(ㄓㄨㄣ)因此真正的讀音是屯(ㄊㄨㄣˊ)，而非屯(ㄓㄨㄣ)

ㄣ），所以說「屯者，盈也；屯者，物之始生也」。

前言「始」為乾，「生」為坤，所以屯是經過陰陽交媾而所得來的東西，以屯字而言上一橫劃代表平地，而突出平地的一點，代表是種子剛冒出芽來，而底下者是在往下在扎根，也就是剛剛開始而已，而剛剛開始之時，是透過了水的聚集，所以種子遇到水與適度的溫度，就可以冒出芽來，古德有言「千年種子萬年蛋」，所以很多因天災地變而滅絕千年的物種，其會再度出現是因為透過了這些狀況，及大自然微妙的變化而再度產生。

繼之「**物生必蒙，故受之以蒙**」，蒙卦的蒙字有如墳墓上頭，被草遮住之象，所以清明時節要前往加以整理，而何以要用清明節，因當春天之水來了之後，必須讓其日月皆明，如此才不會遭受蒙蔽，整體而言即不除草，就是會被蒙蔽，所以是透過了水（青水、春天之生氣），然後再加以清除，如此就能獲得到明亮，即透過了整理，就可獲得男、女姓（日、月）祖先的庇蔭。

蒙卦含有六十甲子的戊子情性，戊子就是天干戊癸的組合，而戊癸合是期待火的出現，而火的出現就

是代表明的意思，因火有丙火與丁火，所以明是代表丙丁，而丙丁代表祖先，所以戊癸是期待火的出現，當有火的能量出現，戊就可吸收水氣與水資源，進入其內部之中，然後經過了適當時機及當溫度，再釋放而出的就是泉水，也就是戊土在高溫下吸入了水氣，然後溫度較低時釋放出甜美的泉水。

屯卦是代表學習，在水雷屯卦䷂，水壬是雷甲木的印星，所以是代表甲木在學習，而物生必蒙，所以蒙是教育啟蒙，因此當懷孕之時，就須有胎教，如此就能育養出較好的嬰兒，故在屯卦之時，就開始在學習即邊學習邊成長，就如甲木一直在吸收水份，如以胎兒的屬性，胎兒旁邊的羊水就是其印星，也就是一種學習的能量，所以屯卦代表學習，而蒙卦是代表在啟蒙、啟發與教育，因此雜卦傳言：「蒙雜而著」，也就是什麼都要學，即要多方的學習，如此就能注入了腦海之中。

所以成長是須透過啟發與教育，因此說「蒙者，蒙也，物之稚也」，而稚者乃代表幼小之義，所以從出生學習到接受各項教育，這些流程是沒有辦法快速的，是慢慢的疊積而成；猶如上述問題（一）的數字22510，此組數字中有5、0與0、1，因此同時具備了

水雷屯 之意，但屯卦是在強調比較大的水，所以此處之 0 癸水是雨水不會把 1 屯住，如果是 9 與 1 配在一起，就形成了屯卦，就形成 9 的壬水來屯(困住)1 的震木。

9 與 1 的組合「屯」就有慢性病的情形，所以手機號碼只要有 1 跟 9 的排列組合，身體就會有酸痛情形，慢慢的就會形成慢性病，而且很奇怪沒有辦法治癒，服藥也是一樣不會痊癒，也不會加重，妙的是當把 1 與 9 排除之後，就可以找到對的醫生，且可以治癒這就是所謂屯住，而久了就有「屯者盈也」之象，即會有所擴散、充滿、難以掌控，所以他必須要有陽的能量，就如蒙卦必須加以除草，如此就可以重見日月的光明。

所以說除了教育啟蒙之外，還是必須加以養育，因民是以食為天，因此**「物稚不可不養也，故受之以需」**，而需卦 大象辭曰：「君子以飲食宴樂」。而需者同時也有等待之象，需字拆開是雨而，是雲上於天，所以「而」字是代表天，陳如倫語所言的，「學而時習之」，其實真正的文字「而」是「天」，絕對不是「而」。是在「學天時習之」，學天照著四時運轉不停，這是古象文字「天」字，似現在的「而」字，結

果一錯錯了數千年。

雲上於天，其象是水在天上等待下降，所以只是代表雲霧聚集，烏雲密佈而已，因此就有期待及等待之象，所以「學天時習之」，是代表要學習天的勤勞，照著四時運轉，即要有「天行健，君子以自強不息」的精神。

序卦有時是透過錯卦或綜卦，交義詮釋《易經》六十四卦的邏輯，乾坤兩卦一開始，從初爻全陽變成了全陰，完全是錯卦，而後的屯卦是透過初爻潛龍勿用，再透過乾卦九五飛龍在天，具足陽的能量而孕育出生命，然後是須清除遮住墳墓上頭的雜草，使其可以重見光明而不會被蒙蔽，即屯卦☳☵之綜卦為山水蒙卦☶☵，然後水在天上，是在等待其下降。

水天需卦☵☰含有六十甲子的壬申之象，暴風雨前的聚集，所以稱之為水天需卦☵☰，也就是七月之時，開始聚集陽氣並經由未、坤到了申月（立秋），當其下降之時，就成了狂風暴雨，因此需有等待飲食之象，從胎教的學習然後啟蒙，再透過飲食來教育，即由人倫教育來啟迪一切。

「**需者，飲食之道也**」；然而有了飲食之後，為求積存食物就會產生搶食，因此就會發生語言之爭，也會因物質分配不均而生爭訟，「**飲食必有訟，故受之以訟**」；所以需是期待物質下來，然而會因分配不均，因而產生語言之爭，最後彼此之間無法解決，因此須透過政府公正單位，來解決此一紛爭；若訴訟可以解決彼此之爭端，那就可以功德圓滿，若有不滿意就可能引起爭端，最後是產生了勞師動眾情珍。

所以說「**需者，飲食之道也**」，而如爭食就會產生爭訟，這就是所以受之以訟卦的原因。「**訟必有眾起**」，在爭訟過程之中，原始是彼此兩造的爭論，後來雙方必會動用，家族人脈，各擁群眾來對峙，故說「**訟必有眾起，故受之以師**」，是聚集蓄積了能量，而師即是聚集、眾多之意，而師也是代表雙方即將對峙開打。

而要打戰就必須聚集眾多之人、眾多的軍隊，所以「**師者，眾也**」，因此師卦就有六十甲子的己亥之象，如前述問題二，日主為乙未，而乙未的合伙人，是亥中的甲，他是以亥為主體，所以形成水地比卦，而比卦是代表大家有共同的想法，但問題他是亥不是寅，若是寅與乙組合，乙木依附在寅木，就

會比較恰當，而由於十月令亥月寒冷，因此會凍傷了乙木。

　　從地水師卦☷☵屬性而言，是我的底下有財、有水，但有時候使用不當，可能會淘空了地基，因此就會興兵動眾，師卦就有淘空之象，而師卦下互卦為震木為甲，也代表行動，而下卦為坎水為壬，因此有壬甲之象，而上卦為己土，因此形成地水師卦☷☵，整體大象統稱為坎象，所以亥中的壬甲起亥象（大象似坎☵），所以甲必須要有足夠陽能，才能破土而出，對己亥而言本有水資源，但由於甲是剛萌芽太小所以能力不足，但經過了爭訟、對峙、搶奪、打戰，資源就會重新分配。

　　然後「**眾必有所比，故受之以比。比者，比也。**」比者也是代表親近的組合，是重新的團體聚集，因此資源也是重新分配，有的就可以獲得一些利益，就如台灣在廢省之前並無六都，而當廢省之後六都逐一的建制，然後再做資源重新整合與分配，所以「**比必有所畜，故受之以小畜**」，但此畜只是小小的積畜而已，因為只是資源的重新分配，而重新的資源整合，目的是要獲得其他的更大的利益，所以說這些只是小的利益，且也只是剛剛開始而已，只有獲得一些資源及小

團體的聚集。

接著「**物畜然後有禮，故受之以履**」，即在物的畜積之後，必須重新制定規則與規範，而對這些新制定的規則與規範，必須加以執行，否則是毫無作用，所以說要受之以履，即須實踐與履行這些規範合約，當我們照著遊戲規則之時，就不會受到他人的批評與打擊，就能「**履而泰，然後安**」，能安心的處理所有的事物，所以「**故受之以泰**」。

「**泰者，通也**」，代表了上下能夠有所互動，由乾坤的天地定位之象，是天地為否，但在後天的西北方戌乾亥位，因乾坤交媾因而形成地天泰，所以在後天形成地天泰卦，地氣是下降，而天氣是上升，因此可以通順暢達，在此也可瞭解從先天的乾坤定位之後，也開始產生乾坤異位的互動，因而才有泰卦的屬性形成。

「**物不可以終通**」，然而物並不是永遠都是這麼通暢的，「**故受之以否**」，俗話說否極泰來，但泰極也是否來，而泰極否來相差只有一卦，所以說是相當的容易，而要否極泰來的逆轉勝，則是相當的困難，是要在重繞一圈，再經過六十四卦（格），因此古德言「由

儉入奢易，由奢入儉難」，所以要否極泰來，就須有強大的意志力、執行力，並把自己的思維，重新做一個很大的調整。

所以物不是都可以永遠的通暢，因此需要有危機意識，因為當通暢習慣之後，就沒有自我約束，泰極就會否來，因此「**故受之以否**」。從乾卦起到否計十二卦，現以先天八卦配置方位，用三才與九宮格方式，此十二卦配置如下圖：

東南 辰巽巳，兌卦 水天需卦 三才上為天	**南方** 丙午丁，乾卦 乾卦（純陽） 地天泰卦 三才上為天	**西南** 未坤申，巽卦 天水訟卦 三才上為天
東方 甲卯乙，離卦 天澤履卦 風天小畜卦 三才中為人	**中宮** 人所站立之處 三才中為人	**西方** 庚酉辛，坎卦 地水師卦 水地比卦 三才中為人
東北 丑艮寅，震卦 水雷屯卦 三才下為地	**北方** 壬子癸，坤卦 坤卦（純陰） 天地否卦 三才下為地	**西北** 戌乾亥，艮卦 山水蒙卦 三才下為地

由上圖可以了解，由乾卦 ䷀ 往下看為地天泰卦 ䷊ ，而由地往上看為天地否卦 ䷋ ，而西方地水師卦 ䷆ 與水地比卦 ䷇ 兩卦具有坎象 ☵ ，而東方天澤履卦 ䷉ 與風天小畜卦 ䷈ 兩卦則有離象 ☲ ，東南之水天需卦 ䷄ 2、3、4爻則有兌象 ☱ ，而西南一偶的天水訟卦 ䷅ 3、4、5爻則有巽象 ☴ ，而西北山水蒙卦 ䷃ 4、5、6爻則有艮 ☶ 象，2、3、4爻則有震 ☳ 象；東北水雷屯卦 ䷂ 初、2、3爻則有震 ☳ 象，3、4、5爻則有艮 ☶ 象。

所以先天的震卦 ☳ 等於是後天艮卦 ☶ ，此二者也是先後天易位，將此十二卦整合，然後再以先天八卦方位，與九宮格式加以配置，剛好其方位也是構成了先天八卦方位。雖然其配置方位，有先天八卦方位之象，但如果純以後天八卦方位而看，從乾卦至訟卦可以說，都是在西北一偶，因此處為戌乾亥之位，此宮位本就後天乾卦之位，而亥為坤卦，而亥中的壬甲則為屯卦，而戌亥者為山水蒙卦，亥乾者乃水天需卦，而乾亥者為天水訟卦，所以從乾卦迄訟卦計六卦都在此一方位。

這些卦序也可以代表是一種先後的因果關係，由上述中就可以發現，上下的對應因果關係，也是構成

一個開始、過程、結果的流程，也就是過去、現況、與未來，譬如言泰卦之時，代表有目前的通泰，是因為照著規範與天理在走，但是目前的通順暢達，隨之而來的可能就是泰極否來，也就是走上了一個高峰之後，接著就會往下而走下坡，而目前之所以會否，是因為以前不知節制，畜積自己的能量與福德，因此才會成否，所以說這是卦序的邏輯，開始、過程與結果的流程。

所以只要懂得這些原理，如此就能繼續的往下而行，而知道了這個邏輯之後，就能人同此心，心同此理的同人，所以說「物不可以終否」，也就是說並非所有的東西，都是永遠不通暢的，必會有轉折，所以「故受之以同人」；而能與人同者，是代表能把所有的人都當成家人，也就是能視路人為家人，而能夠做到此一地步，才能有辦法同人，也只有能這樣，才能有大有的屬性。

所以說能「與人同者，物必歸焉」，也就是能把不認識的人，與他們構成好的互動，如此所有的人、事、物，就能夠慢慢的聚集而來，因此就有「物必來歸」的情形，也只有能如此，才有接續的大有，因此「故受之以大有」，而何謂大有，即男女老壯幼，鰥

寡孤獨廢疾者，大家皆有而非單獨自己所有，所以必須聚集前面的那些能量，才有辦法變成大有。

然而「**有大者不可以盈，故受之以謙**」，也就是有了這些物質能力之後不可以自滿，必須要能夠謙以待人，如古德之言「稻穗越飽滿，其頭越低」，所以「**故受之以謙**」卦，而謙者是言兼，代表所有的一切包括言行舉止、態度都必須兼備，才能叫謙，謙卦☷☶之象是己土配戊土，假如手機最後號碼為5、6，如此即有地山謙卦☷☶的象，如果是6、5則是山地剝☶☷的象，須注意以數字論卦時，會以最後數字為主體為上卦，其他則是下卦或是其對應關係，此象即是只要能謙，就能得到 5 所釋放出來的水資源（利益）。

接著「**有大而能謙，必豫，故受之以豫**」，是說有大有而且各方都能夠兼備、謙虛，如此就能心情愉悅，然而此豫也有猶豫不決與疊積能量之意，豫也是大象之意，即予象也，代表自己可以壯大起來，也就是因為自己的謙，可讓物質聚集與充裕，所以才有我是大象之意。

「**有大而能謙，必豫**」，也就是內在擁有自信，

而且是很有實力之意，就如《易經》各卦各爻之後皆用象曰，代表可以讓人馬上看得到，所以「大」是一見就可看得到，所以說是代表物質充裕、安樂、逸樂、喜悅的象，當然其也有反面之意存在，即是猶豫不決及欺騙、不穩定之意。

宇宙間的符號(易經四)第十講 (2016/11/16)

一、 問題與解說(為保護行動電話使用者,在解析中去除不相關號碼)。

(一)行動電話號碼75181158,使用者其情形為何?

在前講問題一即言:「以數字作分析與論斷時,則整體數字的最後一個數是代表主體」,所以要解析此號碼之好壞時,就以最後的數字為主體,然後用此主體數字,所代表的天干,來分析其與其他數字,所代表之天干彼此之間關係,再依彼此之間所產生的生剋互動交媾,或是二者所組成之易經卦象,來解析論斷。(可參考老師所著萬年曆,第20頁數字十神參照表)。

依上述所述此手機最後的數字為8,所以數字8是代表主體,而8者代表天干的辛,數字8之前為5,而5為天干的戊,而戊土與辛金關係,是戊土可以保護辛金,化為《易經》卦則為澤山咸卦☱☶,再往前的1代表甲木,而甲木更是辛金所喜歡依附的,再往前雖然有代表庚金的7出現,但因有二個5的戊土加以阻擋,因此可以避免8遭受到傷害,也就是庚金就不會破壞辛金,而且此手機代表財星的1(甲木為正財)、印星(戊土為正印)皆有,所以此行動電話號

碼是很好。

（二）男用行動電話號碼為 30771562，使用者其情形為何？

　　承上述 2 的乙木為主體，而 6 的己土與 5 的戊土是為其財星，另外此手機有二個庚金 7 的特點，如此手機是男生在使用，因 2 有二個 7 的正官，所以工作上會想要有所升遷，且又有 6 與 5 的二個財星，因此也有想要同時作二份工作（或是兼職）的情形，而 2 與 7 兩者組合的易經卦，就有風天小畜卦☰☰的象，而此卦象代表有一波接波的工作，或是指同時兼有很多的工作。也就是說無論男女，論機會、錢財都是主動而來的，如論婚姻感情代表也是機會或桃花依樣都比別人多。

　　所以說在男生或是女生使用此電話，是代表在工作上是想要獲得全部的工作及機會，故說此行動電話號碼是很好的，但如果是女孩子在使用，是針對感情問題時，則代表在感情上，會出現不穩定的狀況，所以就必須比較慎重一點。

（三）女用行動電話號碼為 88022172，使用者其情形為何？

使用此行動電話號碼者,是代表有與人合伙狀況,何以言說有此現象呢!因此行動電話號碼中有三個2,而此三個2有共同在經營一個7的現象,因從2的角度7代表是他的正官,而正官者代表工作事業,所以說此三個2共同來經營這個7,因此整體上就呈現出合伙的現象,雖然2是比較不喜歡8,但因尚有1來做保護,而1之所以能夠保護,是因所有的2(乙木)會歸屬在這個1(甲木)之上,然後再共同來經營這個7,而且2與7是正財與正官的組合,所以是一個好的組合,因此此手機還算不錯,還是可以使用的。

若是單獨論工作、事業,是屬於共同合作的狀況,但如論感情則會有相爭的現象,而此爭情形是眾2來爭搶這個7。而眾2之中,是以最後落點的2,最為出色,是因7是直接在其旁邊,所以此2可以直接獲得7的資訊,而2與8者的關係是,當8收成之後2就要功成身退,所以 2 者在收成之後,不要急著享受,否則就容易功成身退。

由上項所說可知,八字為乙日、卯日所生之人,在有所收穫之後,不要急著享受,因一享受就容易功成身退,因2者代表乙木藤蔓,當乙木結成果實收成

之後，就須將藤蔓清除，然後重新播種從頭再來，但是所有的東西還是 2 生長最快，所以如要速成，就必須要用 2，但如要慢慢的穩紮穩打那就必須用 1 的甲木，而且 1 的收成比 2 還要長久。

　　因此對於行動電話號碼的選取要求，可以視自己對事務之所需，然後先定下尾數數字，接著透過不同需要，將其他數字逐一來做調整，所以所有數字從 1 到 0，都是可以使用的，唯比較不建議 0 當尾數，因 0 當尾數者，到最後都是一種付出格局，而且也是比較不易掌控的數字，而另外的其它 9 個數字，則各有其特性與專長。

（四）天乙貴人中庚與辛，排列在一起組合是否有錯誤辯證？（有關貴人方之方式，可參考老師所著萬年曆 89、90 頁，諸神煞應用天乙貴人說明）。

　　下圖是為為傳統神煞法，天乙貴人天干的順排（陽貴）套入地支與天干逆排（陰貴）套入地支的排列組合。由圖中的排列組合，可以辯證庚與辛，是否能同時為天乙貴人，經此九宮圖之順、逆排列之定位，可以發現庚與辛，是沒有排列組合在一起的，由此可以證明庚與辛，排列在一起的天乙貴人之關係是

錯誤的,所以只有六辛,才是天乙貴人(六辛者,是指十天干的辛,與十二地支在六十甲子之中,相互搭配者稱之,即辛未、辛巳、辛卯、辛丑、辛亥、辛酉等六組統稱為六辛)。

陰貴與陽貴之天乙貴人在十二官位排列圖:

巳 陰貴：壬 陽貴：癸	午 陰貴：辛 陽貴：辛	未 陰貴：戊庚 陽貴：甲	申 陰貴：己 陽貴：乙
辰 (收土地之 水為地網)	天乙貴人歌訣：甲戊庚牛羊、乙己屬猴鄉、丙丁豬雞位、壬癸兔蛇藏,六辛逢馬虎,此是貴人方,命中如遇者、定做紫衣郎。辰、戌乃魁罡惡剌之地,天乙貴人不臨,所以不為貴。		酉 陰貴：丁 陽貴：丙
卯 陰貴：癸 陽貴：壬			戌 (太陽下山 之地為天羅)
寅 陰貴：辛 陽貴：辛	丑 陰貴：甲 陽貴：戊庚	子 陰貴：乙 陽貴：己	亥 陰貴：丙 陽貴：丁

而庚與辛是同屬一氣,而庚遇寅遇卯都是代表財,庚遇寅是為天雷无妄卦☰☳,而无妄者非是无妄之

災，而是代表沒有特別去追求之意，但是確可獲得最大的利益，前曾述及如果眼要開刀，必須要選擇火旺的日，也就是巳、午時時刻最佳，而且有寅又是代表他的能量在提升，而庚與火又是同氣，因此此時是眼睛開刀治療的最佳時刻，另外在整體八字上各星能量，是以月柱與時柱為最旺。

（五）從乙亥與丙申對應關係，概說天乙貴人的使用 方式

　　乙、己鼠（子）猴（申）鄉；日主乙亥與丙申對應關係，其中狂風申與亥水暴雨構成的狂風暴雨，很容易讓戊土產生土石流，所以假設是戊申遇亥，則會由於狂風暴雨的關係，而讓戊土的含水量過多，因此就容易形成土石流，而申與亥關係，與乙本身坐亥，其屬性也是不同。

　　乙本身自坐亥，代表自己已適應了，載浮載沈的環境，所以縱使再大的風浪，乙木也可以承載隨波逐流，因為他本身的環境，就是在大海水之中載浮載沈，所以他是適應這個環境，也就是如風水渙卦☵☴的隨遇而安，所以戊土是比較怕申亥，因為申亥會讓他戊土產生土石流，而乙亥是已適應這個環境，所以乙亥、乙丑者，就可用鼠（子）的天乙貴人，而其他的

乙木則是不可用，故天乙貴人，也是有可用的，也有不可用的。

　　再如丙火不要用亥水(豬)的天乙貴人(丙丁豬雞位)，而是要用酉金(雞)的天乙貴人，另外辛（六辛逢馬虎）也不要用馬(午)，因用馬(午)，辛就會雲消霧散，甲、戊的貴人最好用丑，雖然甲戊庚都在丑未，但因甲是大樹，當大樹遇到未土之初，因未土溫度高，甲木可以吸收其溫度，所以代表剛開始之出，未土的天乙貴人，是可以協助甲木，但畢竟甲木在未土之上，其情性是不穩定的，因此甲木會呈現出不穩定的狀態，所以如依賴此貴人幫助，則甲木最後會崩陷於未。

　　甲木用丑土(牛)，因丑(牛)代表艮土、戊土，可讓甲木根基穩固，所以甲喜歡丑(牛)，遇未(土)羊只是短暫而已，所以丑的屬性，即是甲木的天乙貴人，所以甲木如太過於執著未土，則其根基就會不穩固，在天干的五合之中，甲己合是期待戊土的出現，所以甲木用未(羊)的貴人，只是讓自己進入障礙而已，這可從平日生活上來觀察，當一個人生活起居諸事項，他人都代為處理妥妥當當，但突然有一天此人離去，此時就會不知所措。

戊遇未（羊）就如山地剝卦▆▆▆（山附於地之象），所以由未土的貴人來幫忙，到最後戊土的所有的一切，都會歸己土所有，所以也是非常危險的事，如同請鬼拿藥單；但是此丑（牛）、未（羊）二種天乙貴人，對庚金而言則是有相當大的助力，因為庚金遇未（羊）是無後顧之憂，增加魄力，庚金遇丑（牛）是懂得未雨綢繆。

庚金遇到未土（羊）的平地，而且未（羊）也是高溫，可以來驅動庚金，因此可以讓庚金有動力，暢行無止於平地之上，而庚金遇丑（牛）時（丑為庚金印星），代表丑土（牛）讓他知道如何節制，懂得思考之後再出發，而不會盲目行事，故庚遇未（羊）是為天地否卦▆▆▆，但庚金遇丑（牛），就比較有地天泰卦▆▆▆的屬性，因丑土（牛）可讓庚金做思考判斷，而不會產生衝動情性，所以說甲戊是喜歡丑（牛）土，而庚金則丑（牛）、未（羊）都沒有關係。

乙己與申子的天乙貴人（乙己鼠猴鄉），當乙遇子時是乙木透過子水，形成子卯刑的狀態，而子卯會刑，是因為卯木遇到寒冬的子，就會產生萎縮情形，在乙卯木而言是喜歡春夏天氣，而遇到冬天就會萎縮，所以當子水（印星）來生木之時，就類似子卯刑

現象,所以遇到了此種貴人,是屬不值得信賴的貴人,反而乙木遇到申金的貴人,則是可以完全使用,因為二者是所謂的乙庚合。

　　己土的天乙貴人(乙己鼠猴鄉),則子水(鼠)與申金(猴)都可以使用,因己土遇子水是為財星,己土遇申金是為食傷,所以說乙儘量不要用子,而己則子申皆可用。

　　丙丁與亥酉(丙丁豬雞位),丙絕對不要用亥水(豬),而丁勉強還可以用,而用酉金(雞)是最好的,因酉金(雞)是他們的財星,所以明年的丁酉年是比較趨於靜態,所以就比較不會那麼忙碌。

　　寅與午的辛,則辛是不可用午火(馬)的天乙貴人,因為辛金代表成熟果實,而成熟果實遇到午火(馬)就會腐爛,所以辛金不能用午,但辛金是喜歡寅木(虎)的,兩者形成澤雷隨卦 ䷐ ,代表成熟果實依附於甲木之上,所以二者互為依賴,辛可借由寅木(虎)來凸顯其價值,而寅木(虎)借由辛來凸顯其功能,所以辛用寅的貴人是很好的,壬、癸遇到卯、巳(壬癸兔蛇藏),都是可以完全使用,因壬癸兩者都是喜歡巳與卯,但巳是不喜歡癸,因為癸水長生在卯。如丙火日

生之人，那他的正官為癸，如此丙火會因為癸水，產生忽晴忽雨現象，所以此癸水正官是讓丙火，產生情性不穩定的狀態，因此丙子就有火水未濟卦▆▆現象。

　　火水未濟卦▆▆，雜卦傳稱「未濟，男之窮也」，何以謂男之窮也？其原因是丙火代表家中男主人，當丙火遇到了子水之時，是丙火太陽進入了黑暗期，如此丙火的能量，就沒有辦太凸顯，而丙火太陽又是代表男主人，所以就有男人無法展現其魅力的男之窮屬性，而且辛金長生在子，而當辛金長生之時，又會蒙蔽丙火的眼睛。

　　以上天乙貴人的這些現象，當然也可以運用在方位，姓名學等各種狀況之上。譬如庚日者為牛、羊，所以對方的字根有牛、羊者（如美、祥字者），就是自己的天乙貴人。

（六）八字上乙酉年生，擇庚寅日、壬午時組合關係簡說

　　乙酉年生，擇庚寅日、壬午時組合，乙酉與庚寅兩者，在地支的學理上是沒有合的（傳統對地支互動的名稱：刑、沖、會、合、害、破），只有辰酉才有

合,但天干乙庚可以連成一氣,而以我們的學理酉與寅也可連成一氣,二者組成易卦為澤雷隨卦䷐,從這裏屬性辰是要有午與巳,才代表他已躍過深淵(乾卦九四爻,或躍在淵,無咎),所以當庚金遇到午時,是為同氣的天火同人卦䷌,因此在這個時間點,代表已躍過深淵,所以在處理任何事物時,就會覺得非常順暢,故這裏就不是適用天乙貴人的神煞,而是代表那些氣,符合了本身使用,以及八字的邏輯,所以除了天乙貴人之外,尚有福星貴人(參考老師所著萬年曆 90 頁,而福星貴人是以年干和日干對照四柱地支)。

所以上述情行,是遇到福星貴人,擇庚日的午時(庚趕馬頭辛到巳);**歌訣:甲丙相邀入虎鄉,更逢鼠穴最高強,戊猴己未丁宜亥,乙癸逢牛卯祿昌,庚趕馬頭辛到巳,壬騎龍背喜非常。**在八字中原則是用年與日,但如有好的星位,則年月日時,都是可以加以相配運用的,也就是在不同空間、時機,就可使用不同的貴人,而傳統上是用年來擇日,所以會用年來找天乙貴人,而且八字中會用日的出生日來定位,但事實上月與時辰的力量是大於年與日,所以好的星宿最好四柱都對照使用。

　　以上這些都是神煞運用方式，而其來源則是古代的學者編排的順序，當其在編排完成之後，有用到好的星位或不好的星位，然而當有不好的星位出現之時，就會再作一個好的星位來加以化解。其實這些運用的方式，只是讓人知道如何使用這些儀式而已，並不是代表任何吉凶。

二、序卦傳上篇

　　「**有大者不可以盈，故受之以謙**」，是言自己有了成就豐收之後，不可驕傲自滿，所以受以謙卦，而謙的大象辭言：「**君子以裒多益寡，稱物平施。**」一般都會認為裒多益寡，是將財物多的人，分給財物較少之人，其實這種觀念是錯誤的，此處的「裒者」是代表「聚集」，而非把多的捨去及減少，而捐給少有者之意，故應該是將餅做大，而將做大的餅分給沒有的人，而非是收取有財之人的財，再將之分給財物少之人，因取多者分予少有者，可能會造成不仁不義現象，那就非「謙」之本意了。

　　「**裒多益寡，稱物平施**」，譬如政府將人民所有，而較無價值的土地，加以重劃建設，如此就成為有價值土地，然後地主將一部份土地捐給政府，而政府也可從加值中徵收增值稅，接著政府將獲得土地，做為

公共設施，而稅收用於社會福利措施，如此人民與政府雙方均蒙其利，這才是「裒多益寡，稱物平施」之意，就如把水聚集起來，然後供應農業灌溉使用，這也才是達到「謙」的一種功能性。

「**有大而能謙，必豫，故受之以豫**」，上一講中言豫為我是大象，所以說如果可以做到謙，就可以達到豫樂之地，然而豫者也有一種期待安樂、逸樂，與不穩定遲疑不決的狀態，至於他是代表何者，只能說此二種情形是同時存在。

「**故受之以豫。豫必有隨，故受之以隨**」，此處之必有，是代表有的有，有的沒有，也就是並非全部都有，若只單獨的必字，則代表一定有，所以「豫必有隨」者，代表在豫之時，有時是會有人來隨從，有時是沒有人來隨從，而在豫卦象傳言：「豫之時義大矣哉！」，而隨卦象傳則言：「隨時之義大矣哉！」，此「豫之時義大矣哉」，及「隨時之義大矣哉」，兩者所代表意義是不同的。

隨時之義者，是代表不限只有在隨卦之內，而是指隨時隨地，隨著環境的需要，隨著大自然的屬性，他包含了《易經》六十四卦的任何一卦，如此才是隨

時之義者，而「豫之時義大矣哉」，則是僅限於豫卦內，所涵蓋的時間點而已，在《易經》六十四卦中，隨卦也是很好的一卦，所以「豫必有隨」，是說把餅做大之後，分享了所有的人，如此就有了成就感，而可以享受喜悅，得到豫樂因此就有人會來跟隨，所以說「豫必有隨」，故受之以隨。

　　「**以喜隨人者必有事**」，用喜悅於人的態度，隨順別人的人，必定會有事，當然此處之事，並非一定是不好之事，而是因隨順別人，而有事情來做，雜卦傳言：「隨無故也」，「故」者代表過去之意，也就是說隨著環境而改變，就沒有了那些舊有的東西及包袱，但是因隨人之後，則有很多事情要執行，然而在執行之後因時間及事物多寡，因此產生一些東西、事物沒有做好現象，同時又累積了新的東西，又無法即時完成，因此就有了「蠱」的出現。

　　「**以喜隨人者必有事，故受之以蠱**」，蠱者三條虫是一種貪、瞋、痴的三毒，有此三毒就必須重新整頓與整治，所以說「蠱者，事也」，因此受之以蠱，如果對於這些事情，都能夠加以處理好，那麼就能疊積經驗與能力，當疊積了這麼多的本能後，遇事就可迎刃而解，因此說「**有事而後可大，故受之以臨。臨**

者，大地。」

　「**臨者，大也**」，臨者是不能君臨天下，而要君觀天下，因為身為國家、機關公司的領導人，是不可能有空閒四處巡視如此就無法為「大」，，而是委派督導人員四處查訪，也就是責任分工，由督導人員彙報各項情資，然後做為改進或是施政的方向，所以「**臨者，大也**」。

　「臨者」是代表親自參與，是屬於自己之事，而「觀者」是代表旁觀者，所以臨、觀不同之處，臨者代表自己所有，觀者則是別人所有，而蠱者有三隻虫，而臨有三個口，所以說不好的事項，需要透過臨來重新播種，因此三個口是代表兌卦的辛金。因此臨卦是代表新層次的開始，陽爻由下往上也是有親近之意，是種子辛金在己土之上，將重新播種萌芽，而臨也是親近蒞臨之意，是找到賢臣，透過賢臣去巡查各部門、各品之官執政的結果，才能大其根基、穩定國家，「**臨者，大也**」。

　　臨之後會變成觀，「**物大然後可觀，故受之以觀**」，臨是代表一直在聚集，當內部能量聚集之後，就可以整飭內部而壯大自己，當壯大了自己之後，就

可成為他人來參觀效法學習的對象,而他人來學習了自己的專長之後,或許人家就會模仿仿傚,因此自己權利可能成為他人的權利,因此自己就變成了被「噬嗑」的對象,所以說物品及為人不要太顯露,因為太顯耀,那他人可能就會爭相模仿,最後反而會被吞併,所以對於產品東西必要時,要設版權或製作權,以保障自身權益。

「有事而後可大」者,是代表能量一直在聚集,聚集能量之後才能成就其大,而**「物大然後可觀,故受之以觀」**者,就如栽種植物越來越大,因此就可以觀賞,而觀字亦可代表宗教的道觀之象,如上言觀者代表外人,具有參觀之意,而參觀者在參觀完成之後就離開,而臨者是親臨到內部的組織架構,所以臨、觀二者屬性是不同的。能把自己做大了之後,就可讓人來參觀學習,所以說**「物大然後可觀,故受之以觀。可觀而後有所合」**。

因為參觀了之後,就可透過自己的智慧,加以重新整合,**「故受之以噬嗑」**,當他人來參觀學習自己專長以後,有可能會把我們併吞吃掉,因為對生產的流程學習後,就可以自己來創新與生產,因此可能產生被併吞的噬嗑現象,所以言**「嗑者,合也」**,即知

道了對方的專長，或是學習了對方的技能，就可跟對方做合作，而此一合作，就有可能將對方併吞，當然也有可能被對方併吞了。

「物不可以苟合而已，故受之以賁」，苟合者乃隨便佔有，或以不正當手段強要之意，也就是對於物品不可苟合，因此必須包裝自己，「故受之以賁。賁者，飾也」，賁者是代表包裝修飾，即可透過裝飾或偽裝，而將對方加以併吞，當然也可以說，東西必須透過包裝，才能增加他的價值性，所說「賁者，飾也」。故用心的裝飾與包裝，就可賣到好的價格，同時也可亨通暢行無阻。

致於「致飾然後亨，則盡矣」，則盡矣者，代表任何事情都透過包裝偽裝，最後是會被他人所識破拆穿，所以包裝或偽裝，必須適可而止，不要太超過，否則就成為「則盡矣」，被看破手腳，如果被看破則變成了剝卦☲☷，「故受之以剝」。

序卦傳至此仍在言其過程，如上一講所言序卦者，是在說明卦與卦的前因後果，就如我們當下卜了一卦，然後往上及往下各推一個卦，就可知其前因與未來的情形，譬如山火賁卦☶☲者，若任何事只注重

包裝，而不重視其內在的品質內涵，如此賁之後就會成為山地剝卦☷☶，所以看到了賁卦時，就知道將來會走到剝卦，然而何以會有賁卦，也就在賁之前，是要吞併他人的東西，要將他人的東西佔為己有，所以要與人合併，而要與他人合併，則須透過包裝整合，這也就是《序卦傳》的邏輯事項。

所以孔子所言「善易者不卜」，因為已瞭解了事物的來龍去脈後，如此還須占卜嗎？如賁卦的一直在裝扮自己，則一定有虛偽或是不足的現象，當然適度包裝，是可以提升自己的價值，然而不能用的東西，一直用包裝來掩飾，最後被他人發現，則是為**「則盡矣」**的剝卦。

人不要沒事要去算命卜卦，卜卦者是當下的事項，沒有辦法做決定時，才透過卜卦來做決定，但是未來不知道的事情，不要想要去瞭解，因為未來之事不是一定的，也就是所有的八字、姓名都非一定的，如是一定的那同年同月同日同時，或是同姓名者，他們的命運絕對是一樣的，但結果確是完全不一樣，所以所有的東西，都可以透過想法與觀念而改變，故不要在意自己八字、姓名。

姓名除非自己不喜歡，否則改名是對不起祖先的，而且名字是長輩父母對我們得期待質，根據統計，改名之後有百分之 70 的人，會在改第二次，而第二次者，有百分之 50，會改第三次，而第三次之後，還有百分之 25，會改第四次。所以代表改名之後還是不順暢，故除非因自己不喜歡此名，而影響自己的生活外就不要改名，所以改名是因自己不喜歡才改，而非是要改變命運而更改，因改變命運只要透過飲食習慣、生活習慣，以及思想觀念就可更改了，改名改姓不如改個性。

宇宙間的符號(易經四)第十一講(2016/11/23)

一、問題與解說。

(一)圍牆的門柱採倒三角形的造形是否可行,其照明燈光應放於何處較佳?

　　依提問人提出照圖片,是柱子最上面之造形柱墩,較原本柱子為寬,即四週邊簷突出於柱子之外,約有四十公分左右(其形狀類似倒立的柱墩),而此圍牆的門柱,與內在的主體建築,兩者相距約只有五公尺寬而已,所以並非是很遠,但原則上如果不是很突出的柱墩,還是可以的,而房屋外圍圍牆的門柱,高度約 3 公尺左右,如此四週突出邊簷就不要太多,而由柱子延伸而出圍牆,約 2 公尺多是比中柱來得低,因此會形成另外的煞氣。

　　所以說柱子儘量不要有太突出邊簷,若是距離較遠,那就沒有關係,因為離得遠就會象文筆,而太近則是形成煞氣,所以儘量不要有太突出的建築物,而影響到門戶的出入,尤其圍牆牆柱不要正對主體建築大門,另外較低的圍牆,就儘量不要再立柱子,尤其是柱墩,因此就圖片中所見,就是突出於柱子外的邊簷,再稍為縮子一點即可。

至於照明燈光如有二根門柱，原則上都加以安置，除了可以左右對應外，也可變成日月的對待關係，而可形成雙向的互動，若二根門柱只安裝一盞燈光，如此就會產生對事情看法，只能看到一部份，而另一部份，就無法見到，所以圍牆大門之雙柱，最好都予以裝設燈光，而不要只單獨裝置一盞，至於照明燈光擺置，安於柱子之上是可以的，若是置於柱子頂部，則可用圓形造形，因門柱有邊簷突出，用圓形造形如此對於煞氣，就能夠加以轉化。

（二）門牌之號碼為669號，對於居住者之情形為何，另外門牌材質採何種才質為佳？

　　門牌之號碼為669，其最後落點為9（如前第十講所述，數字解析是以最後數字為主體），所以9者就代表主體，所以二個6是為9的正官，此二個正官對於此房子，是有加分的作用，因為有此正官時，就不會讓居住者產生約束的能力，所以代表住於此屋之人，從事事業時是可以自由自在，而不會因工作而影響到生活，反而是可以操控工作，也就是不會因為工作而影響生活起居。

　　譬如說5與0兩者，5是0的正官，5是高山艮卦，0是為坎水，雖也有一些受限與限制，但相同的

也是不會被綁住，即工作上對內部的管理，是屬於充分授權的門牌號碼；而且 6 遇二個 9 的正官同時也代表，具有二個特性或屬性的二作，譬是擁有二家公司或二份工作，同時 9 者亦有主動與客戶，產生良性的互動特性，所以此門牌號碼是很好的，至於門牌材質大都是以壓克力製作，然而也可以改用鍛鐵製作，因為鍛鐵不會生銹，而且具有質感，安裝於圍牆柱子上，也不會有金剋木的情形。

對於數字號碼的運用，完全看自己需求是什麼，譬如對錢財、機會等，期望自己可以加以掌控，那就必須所有的數字，都是尾數可以掌控的數字，如號碼 3215，甲木依附於高山戊土，因此有穩固的根基，而甲木又可讓乙木依附，而且有充分的陽能丙火太陽，可來讓樹木成長，整體數字就有了官印相生情形，其他如 2315、8315 等也有類似情形。

在數字上的運用上，個人比較喜歡，把所有的東西集中在最後的一個點之上，而其他對應的數字，則代表外來的機會，目標大多是讓人際關係或工作屬性，都能產生加分的作用，因此大多是在強調財星與官星，即是金錢獲利與工作事業，但在強調這些屬性時，代表相同的反面能量，同樣也會自己來，如財星

也代表感情、人際關係,既然他會主動而來,如此異性也是會主動而來,所以如論感情,那就代表無法專一。

　　所以對於所有的事項需求,是沒有辦法兼顧的,因為所選擇事項,無論選擇什麼,同時都是有正反兩面的情性產生,所以需求方面,只有讓使用者,自己去做增刪。

(三)電話號碼3571910,其使用情形為何?(為保護電話使用者,在解析中去除不相關號碼)

　　以前曾說數字運用如果有1時,就不要用9,有1時就不要用7,因此1是不可配9與7的,但前面的09代表業者的共業數,與後面的9不可相提並論;雖然此電話號碼有此現象,但是因其中有數字5,因此他可以讓1脫穎而出,所以5可化解1被水困及被7所劈,故5是可以代表貴人,他能帶給0很多的利益,所以此電話號碼的用神在於5,故此電話號碼是可以使用的。

　　對於所有的數字,可以分成兩個部分,其一:因此電話號碼,皆是屬於我所有所用,因此在每一點上都會承載到,互動之後所產生的結果論,也就是每個

字都是我所有，且每個字都是在使用，因此每一個字好壞，都是會造成影響的；其二：主體是最後一個數字，而其餘數字是對應的客體，而客體是代表所面對的外在環境，因此當最後數字代表主體時，其他號碼所代表的天干、地支，就成為對我產生良性，或是惡性的互動關係。

雖然此電話號碼尾數為 0（坎癸水），但是前面的其他號碼，也都是屬於自己所有所用，因此就有 9 與 7 都會影響到 1，以上述第二項的角度來論，5 者所代表的是工作，然後再將而其他數字，套入數字十神法來作解析，所以說 5 者是代表正官，而正官代表工作，所以 5 是可以疏解能量，代表讓他遇到了好的貴人，所以此電話如果是私人使用，那麼在工作上的上司或老闆，就代表是他的貴人，所以在工作當中能遇到，他想要得到的貴人與人際關係，只要他願意付出或承載責任，其上司、老闆就可以協助他，完成他想追求的目標。

譬如巳己（丙己）的火地晉卦☲☷，或己巳（己丙）的地火明夷卦☷☲，其中巳者是代表丙火，因此晉卦是 3 與 6 的組合，而明夷卦是 6 與 3 的組合，而 3 與 6 的組合，6 是 3 的傷官；6 與 3 的組合 3 是 6 的印

星，故也具有與地天泰卦☷☰相同的屬性，在晉卦大象辭言：「明出地上，晉；君子以自昭明德」，而明夷卦言：「明入地中，明夷，君子以蒞眾用晦而明。」，以此二卦而言，明夷卦者是大智若愚，因此所有的火之能量，能夠為他無怨無悔的付出。

所以地火明夷卦☷☲者，是黑夜後光明就來臨，是屬否極泰來之象，而晉卦者，是光明之後黑夜來臨，是泰極否來之形，所以明夷卦者是隱藏實力，自然而然的自助就能天助（丙代表太陽，也代表無形的能量，以象言是代表能量隱藏於地底之下），所以在6遇3而言，是可以獲得外在能量的幫助，而火地晉卦☲☷則是須先付出，然後才能獲得成就感，所以這是此二卦的不同屬性。

（四）數字組合為936號，其狀況為何？

936號最後尾數為6，所以會以6當主體，因此3的能量會附於6，即6可以得到3的能量，如果轉為天干、地支就有己巳的象，為地火明夷卦☷☲，6為己而3為巳，而巳代表丙火，因此是己土旁邊有丙火，因此是具有正印，所以地火明夷卦☷☲是自坐印星的卦象。

　　6 與 9 於天干、地支代表己亥，是為的坐財星，為地水師卦䷆，9 又為 6 的正財，所以是有財有印，而財者代表金錢、利益與感情，所以財者，代表可以得到金錢利益，或是所追求的感情，而印星者，是具有修護與保護的能力，代表可以得到穩定的事物，如智慧、知識、學術，同時也可讓人獲得增長的力量，這就是 936 所代表的屬性。

　　整體數字中如果有用到 1、9、7 等數字時，則一定要透過 5 來做轉化，因為當 1、9、7 組合在一起時，9 與 7 都會對 1 構成破壞，所以用 1 就不要用 9，但因行動電話最前的 09 數字，是每個手機的產商代表，稱為共業數，故沒有關係，除此之外後面數字，就不要再有 9 出現，且同時也不要用 7，因為 1 是忌諱 7 與 9 的。

　　如果很想用 1、9、7 這些數字，那就必須透過 5 的艮卦䷳高山來協調轉換，因為 5 戊土是代表為貴人（詳如問題三所說明，整體號碼皆是屬於使用者所有所用），所以 1 雖非尾數，但所有的數字，都是自己在用，故會造成 1 的傷害，如把尾數當主體，而面對的其他數字，是代表外在環境與人事地物，這就是數字用法之屬性。

◎貴人多好，還是當別人的貴人較好？

　　大部分的人都認為，貴人多是好的，其實貴人多，是代表障礙、困難很多，或是受限很多，因為這些現象多，所以才需要這麼多的貴人，如此也代表自己能力有限，需要其他的人來協助，但如果是別人的貴人，則代表對方沒有我來幫助，是無法完成工作的，相對的是對方在某一方面的能力，是比自己不足的，因此作為別人的貴人時，就具有甲木的特性，因一顆大樹承載甚多的樹葉，而這些枝枝葉葉，則是從樹幹，吸取養分與水分，所以甲木樹幹（震卦☳）是無時無刻，在釋放養分與水分，給予乙木樹葉（巽卦☴），因此說其是他人的貴人。

　　如果以雷風恆卦☳☴與風雷益卦☴☳來論，兩者分別是1遇2與2遇1的組合。風雷益卦者，代表巽乙木攀爬依附於甲木之上，是乙木得到甲木給予好處，因此言可以得到益處，而其覆卦恆卦，是在釋放機會能量給對方，然而最後對方的一切是歸我所有，所以八字中的比肩、劫財，是不用怕有劫財的，因劫財者，有時是本身劫他人之財，故重點在看劫財是怎麼用，如上述1對2者2是劫財，而2對1也是劫財，但此兩個劫財現象，最後會歸1（甲木）所有，因此雷風恆卦☳☴就是擁有1就可掌控一切，剛開始之時

雖釋放能量養分給他，到最後還是會回歸甲木所有，但要瞭解 1 與 2 最後還是歸戊土所有。雖然被剋是官星，是承載了責任壓力，但到最後最大的受益者，還是承載者所有。

所以就如 5 承載了 1 與 2，但到最後其是最大的受益者，雖然 5 付出時間與體力，讓 1 與 2 來依附，但到最後所有的一切，還是歸 5 所有，所以古德言：「有土，斯有財」。唯一 5（戊土）是比較怕 9（壬水）與 0（癸水），因為 5 沒有辦法承載此二者，因為 5 者是高山，而高山之水是往外釋放，所以 5 要掌握 9 與 0 時，就必須要擁有 1 或 2，但最好是同時擁有，那麼吸收的水資源就會更多。

如日主為己，月柱為戊，或時辰之柱為戊辰，都是代表有劫財現象，至於月支者須由年干，來決定有無劫財關係，上述組合代表己土，可以獲得機會（因山附於地），然而雖得到機會，但最後所有一切，都會歸辰庫所有，其原是己土低於戊土，而辰庫又低於己土，故當高山釋放水資源至己土時，己土雖得到機會，但其水又會流向辰庫，所以最後還是進入辰庫之中，辰是水庫，是先天的兌澤之卦，可收藏水資源即育養花草樹木的福居之地。

日主為己土月柱或時辰為戊辰,此現象為戊者釋放金錢利益給己者,而到最後切回饋給了戊辰,但如是年干與月支關係,那就就不一定如此,因為他不是競爭者,而是代表對外的機會,可以掌握得很多,是其與其競爭之後,獲得較多利益,所以說不用怕劫財,由上述可以知道八字有劫財者,到最後獲得最多的利益。

己土與戊土會因為競爭而成長,己土遇到戊土是為6遇5,代表透過競爭而獲得更大的利益,另為在地理堪輿上,有所謂的移宮換步,其意為當無法移動或改變對方時,那就只有移動自己方位,如此整個方位與坐向就會有所不同。因此所有的事項,就會隨著改變。

所以說一個人八字,是上天賜予的符號,有如車子儀表板,是用來作為警示或告知的,名字也是長輩們的期待質,所以除非自己不喜歡外不要亂改,所以我們可以透過,某些號碼來改變一些思維(如電話號碼、車牌號碼),或改變飲食習慣、喜好、穿著,如此對某些事項,就能有所改變。

所以如要改任何方位、名字,倒不如改手機號碼,

因手機號碼所改變的速度，是會優於其他事項改變，以老師立場認為如果更改有效，則會請同學先改手機號碼，如此還可以不用改名，以免對不起父母祖先，而且電話號碼隨時，都能因時因地因物而調整。移宮換步的道理，即改變不了別人，那就改變自己，從上述知道戊是將機會給予己土，但最後所有機會都落入了辰庫之中。

（五）印星與食傷何者為親？

　　印星與食傷，印星代表父母，而食神、傷官代表子女，在區分熟輕熟重時，因食傷者，是自己身體上一塊肉，而印星者，只是他人（父母）的一塊肉，所以失去了食傷，會感覺很痛、很苦，印星是他來生我，代自己是別人的肉，所以他怎樣了，雖會感傷，但不會那麼痛，古德有言「死了丈夫如割韭菜，失去子女如傷腸肚」，確實有其道理存在。

　　食傷者代表與自己同氣，而印星者，是為協助與保護者，若從印星的思維與角度，其與自己是比較親近，但從食傷的角度，我與食傷又是比較親，如有女兒出嫁者，大年初二就會等女兒回來探望，而自己切不再回娘家探望父母，由此可知印星與食傷，是食傷較為親近。

（六）行動電話號碼03959996，其號碼如何，其中9
　　的數字是否過多？（因保護使用者，解析中去
　　除不相關號碼）。

　　一般而言如有9（代表壬水）的數字，則需要有
3（代表丙火、太陽），因9沒有3，則9無法發揮作
用，即水沒有產生水循環時就會發溴，在八字之中，
水是代表智慧、財星，如果八字之中水很旺，而沒有
出現丙丁火的能量、動能，就表示該筆錢財，是無法
使用且也會變少，學習事務也會荒廢，且也無法發揮
其功能，代表所學習的都已過時，故水多沒有火只會
變成智障。

　　所以水須要有循環才能使用，但水的循環須透過
3（太陽）與4（溫度），當有了溫度，水就可從地底
之下，蒸發上升到天空之中，因此納音五行言「丙午
丁未天河水」，即在言丙午丁未的高溫，將地面之水
蒸發至天空，故此號碼整體數字其用神在於3，3者
可以造就這些9，而且此號碼的最後落點在6，代表
這些9能歸6所用。

　　前述5遇0與9時，5則是無法加以掌控，所以
如果是5，而有那麼多的9且又有7，那麼就會潰堤，
但此處號碼是6而非5，故沒有潰堤的問題，因在水

災之後，當水退去了，土地（己土）還是存在，只不過留下垃圾，須加以整理罷了，但如果是戊土，當遇到狂風暴雨，最後就會形成土石流而傾覆，所以6不怕9多，唯9多時就必須要有3，如沒有3的太陽能量就不能用。

　　以十神法看，9又是6的正財，財是代表機會金錢利益，所用此號碼者是有很多的機會，且到處都有錢可以賺，使用者如是保險業務員最好，只要前往邀保人處所說明或聊天，那他就會投保因此金錢就會進來，另外主體為己土是代表靜態，即工作機會是主動而來，但有時工作太多，也是會無有法消受，但整體而言此號碼是很好。

（七）行動電話號碼為 55999393 者，要注意那些事項？（為保護使用者，解析中去除不相關號碼）。

　　此號碼的使用者，是比較忙碌的，而上述的號碼03959996，就沒有那麼忙碌，雖然同是9很多，但此組號碼最後落點為3，而03959996的落點在於6，且尾數是代表主體，因此是自己很忙外，客戶也是很忙，所以使用者是沒有空閒時間，然而雖無空閒時間，但還是有錢賺的，且其可以幫公司，創造很好的

業績。

其原因在於透過３與９的互動時，可以產生庚辛金，而同時３丙火也是其老闆（３為丙火代表家中男主人或主事者，所以丙可代表上司或老闆），但老闆也是與其一樣的忙碌，此手機並無特殊不好的現象，唯忙碌之時於往來的交通上，就須加以注意以免因恍神而生意外，這種恍神生意外情形，則與任何的八字、手機號碼，是沒有直接的關係，完全是屬於自己行為所造就。

（八）天干地支沒有火，而在藏干中有火，這樣算不算有火？

藏干中有火時也是有火的，只是要看其能量大小，譬如寅藏丙，但寅時是太陽剛要上升，故其能量不大，而未中藏丁，因丁是在中午之時，則其溫度甚高，所以力量就大，雖然丙是太陽，而丁是月亮、恆溫，但因未中的丁，是太陽持續加溫之後的能量，所以溫度很高，而藏於戌中的丁，則只是太陽下山之後，所留下的餘溫而已，與未中的丁相比，此丁是則無甚能量。

而寅中之丙，只是長生之火，是太陽剛要上升，是

一天當中溫度最冷時刻，此時丙之能量不足，所以是沒有作用的，反而是未的丁比較有作用，故對於火一定要瞭解其能量，在傳統八字上都只看字面，而沒有深入探究所含意義，所以對很多事項，就不會很準確，因此對火能量判讀，先要了解地支的屬性，因為地支是表現天干的能量。

◎既然如此，何以傳統的學術理論，在判讀與解析上何以會準確？

是因其知道邏輯方向，所以可以加以掌控，因為很多事項只要自己有需求、需要，那就可以算得準確，如沒有需要則是算不準的，至於何謂有需要？只要去占問算命，就是代表有需要，不去占問算命就是沒有需要。

諸如以前老師在學習過程中，會用自己八字請老師來論斷，結果沒有任何一位老師能算得準，因為全都是用五行的數目多寡判斷身強、身弱，雖然如此但還是會與他學習，目的就在學習其論命經驗與分析方法，及如何與占問者對話互動的口才，所以八字判讀解析，只不過是一種表象的儀式而已，故這些東西都是不切實際的，解析者只不過是透過這些儀式，來與占問者(有需求、有需要者)互動罷了，因為真正的吉

凶並不在於此。

　　至於占問人，問事會比較準原因，是因他有需要，譬如說，給予對方食物，並不表示對方已餓，但當他在找尋食物時，就代表他已餓了，所以給人算命時，是代表有需要，因此準確度會比較高，但如用八字來分別判讀，則其準確度並不高，而占卜其準確度會高於八字。

　　何以說八字準確度不高，因為範圍很大，不知對方要占問何事，因此對事項解析，並非占問者所想要的，反而用卜卦的方式，其準確是會比較高的，其原因在於把事務範圍縮小了，所以易經占卜言一事一問（蒙卦卦辭言「蒙：亨。匪我求童蒙，童蒙求我。初筮告，再三瀆，瀆則不告。利貞。」），目的就是縮小範圍，而且只有對與錯而已，因此解析判斷者，就比較單純容易，因此卜卦的準確度就會優於八字，所以研究學習的目的，就是在瞭解這些事項，也唯有這些事項瞭解才是真實的。

　　再如時空卦是比八字更準，原因也是因為把範圍縮小，因為會用此時間占問，自然就會跟此時間產生契機，就如汽車儀表板一樣，又有人會問假如，早一

點問或慢一點時間問，結果是不是又會不一樣？當然結果是會不一樣的，因為會選擇這個時間點，自然而然這個契機，就會與占問者產生了連結，所以不是解卦者厲害，而是來自於大自然的自然因應，因此並非傳統學術準不準的問題，而是命理、五術所有的東西，都是心理與統計分析的學術而已，不是什麼神秘學術。

（九）何以只要年紀與性別，就可不用八字或時空卦，而可論斷占問人所要問的事項？

　　或許有人會認為，解析者能通靈、養小鬼，或是具有讀心術等能力，其實兩者都不是，他完全都是靠邏輯推理分析而來，此方法就如同請客吃飯點菜，總認為自己所喜歡的，對方也是會喜歡，所以所點之菜，有百分九十以上，是自己所喜歡吃的，因此透過此種邏輯，就可以用自己想法，來與對方連結，而加以分析與推理。

　　應用此方法唯一要知道年紀與性別，其次是看提問人穿著身份，及其言行舉止，所謂物以類聚，因卜問人會問的這個人，代表與對方熟稔，而與對方相互瞭解，如此身份一定是相符合，所以亦可由此再加強推理方向。

最後就是解析人賭一把，畢竟人生就是一場賭，賭對就是神，賭錯了就顧左而言他，因此所有事項的解析，只是一種障眼法罷了，所以說可不用任何資料，也不是看面相或取時空卦，就可解析提問人所提問的事項。要知道占卜或提問，都只是一個符號，並非八字準不準的關係，所以我們所學習的事項，只是在瞭解符號與形象所代表意義，及研究中國的一種五術傳承文化，在符號、形象及文化上本身他與吉凶禍福，是絕對沒有關係的。

人的吉凶禍福如果真的與八字、符號有關係，那同年、同月、同日、同時生者，就有共同的吉凶禍福，但事實上並沒有，學術上為圓其說，就稱是由於出生時的方位不同、氣候不同、時區不同、父母不同、結婚對象不同、交友不同，等相關因素參合而造就，因此才有不同結果，其實這些都是廢話連篇，或許唯一可以解釋的，只能說是因「位」不同而已，最關鍵是出生在哪一個家庭，所以對卜問解析只是一種經驗的推理，然後大膽假設逐一推敲，而後形成脈絡再加以說明而已，不足為奇。

二、序卦傳上篇

「剝者，剝也」，剝卦在十二辟卦之中的戌位，

是陽消陰長只剩最上一陽爻，**「剝者，剝也；物不可以終盡」**，即剝卦者，是代表東西不可能，剝到最後什麼都變成了沒有，所以處理任何事物，就須用和平共處方法；剝卦既言任何事物，到最後不可能完全沒有，既然是不可能完全沒有，所以有時需留一線生機，尤其在待人接物方面，更應採取這樣的態度，因為要一網打盡，對方必定用其他的方法來反撲，所以留一線生機就非常重要，這即物不可終盡的道理，也是剝卦所要表現的心態。

當宇宙大爆炸之後，再慢慢凝聚而成地球，形成的地球經過冰河時期淬煉，但仍有物種留下來，而形成當前現象，就是**「物不可以終盡」**的最佳典範，所以只要時間一到，就能**「剝窮上反下」**，反者即返也，在《易經》的言詞中，反都通於返，即剝卦最後一爻剝落後，就會形成死灰復燃**「故受之以復」**，成為地雷復卦 ䷗，事物又將是重新開始，所以物是不可能終盡，就如樹木的種子，無論被帶往何處，只要有適當的水份與溫度，甲木（震 ☳ 木）就會再度萌芽成長，因此受之以復卦，復就是重新開始，一陽於下，孕育能量的地雷復。

「復則不妄矣」，代表復者是沒有任何的想法，

即種子在土地之中，並沒有任何想法，只要遇上適當的水份陽光與溫度，就能萌芽破土而出，所以說：「**復則不妄矣，故受之以无妄**」，无妄者，代表沒有慾望、想法，天雷无妄卦 是庚寅組合，庚代表天而寅代表雷，當庚金在寅時其能量為 0，0 者是代表沒有任何思維與想法，其與大自然的情性是相同，因此具備大自然的情性，也由於能夠无妄，才能畜積其能量，所以言「**有无妄然後可畜，故受之以大畜**」，大畜是大的能量，稱之山天大畜。

因能夠无妄而可畜積能量，所以可畜者，是代表累積了所有的能量，以庚與寅而言，寅是庚金的財星，所以說能有无妄的想法，到最後就能累積能量，而此處之能量又與小畜不同，小畜是資源的重新分配，因此無論如何分配，都會有不足現象，而此處之畜則為大畜，山天大畜是整個高山內部畜滿了乾金，乾為天為大，因此有無限的能量，代表寅是剛從寒冷之地，經過寒冬與寒春，慢慢的累積能量而成長為大樹。

在地支的寅中藏干甲木(寅本氣甲)者與亥中之甲不同，寅中的甲是具備了天時地利與人和，所以才能稱之為大畜，即他已畜積了很多的能量，故大畜卦

爻辭都以大形的動物來代表，如豬、牛、馬（大畜卦九三爻：良馬逐，利艱貞。曰閑輿衛，利有攸往。六四爻：童牛之牿，元吉。六五爻：豶豕之牙，吉。），當大畜者積畜了很多能量，又能沒有其他的想法，自然而然這個財，就會慢慢累積成為大的能量，因此就會成為无妄卦▆▆的綜卦，具有滿山黃金的山天大畜卦▆▆。

　　有很多成功的企業家，在事業開創之初，是沒有其他想法「**有无妄然後可畜**」，因此成就其事業，但何以成功之後，就沒有像以往那樣的獲利，是因有了其他想法，而再無法透過无妄而來，所以「**有无妄然後可畜，故受之以大畜。物畜然後可養**」，代表有了大畜、成就，就能付出能量、才能，來照顧畜養與表現，「**故受之以頤**」。

　　「**頤者，養也**」，其養即是當透過畜養、涵養，也是代表重新的培養，頤卦▆▆是先天震卦▆，後天艮卦▆之位，為先後天同位卦，在六十甲子中為戊寅，代表是累積了所有的能量，又要再重新破土而出，所以是從先天的震卦▆東北方而成後天的震卦▆東方，然後形成巽木的成長茁壯，所以頤者（山雷頤卦▆▆），代表畜積了能量之後，才能再繼續壯大頤

養，而成為雷風恆卦▦▦。

「**頤者，養也；不養則不可動，故受之以大過。**」代表沒有畜積那麼多的能量，震木就無法破土而出，長成大樹，成就其事業。然而在成長過程中，其思維想法難免會偏離主題，因而就會成為大過，「**故受之以大過**」，大過者▦▦辛卯之象，就是偏離軌道太多，即想要快速的成長與收成，就會給予對方太大的壓力，因此造成棟樑彎曲，即卯木還來不及成長，就急著要加以收成，所以沒有畜積能量是不可動的，「**不可動**」就是無法成長。

「**物不可以終過，故受之以坎**」，如果思維想法一直偏離軌道太多，就會一震不起，而陷入另一個危險之中，危險就是未知的風險，也就是欠土，土是思考，欠了思考、計劃「坎」。

坎者是上坎下坎，所以坎卦▦▦大象辭言：「水洊至，習坎；君子以常德性，習教事」，代表坎者其陷險是一波接一波，所以偏離軌道之後，迎接而來的不只是大過▦▦而已，而是一波一波的險難，所以是處於更為危險之中，「**物不可以終過**」者，代表偏離軌道的行為，如不加以終止，到最後可能一切歸零，

「故受之以坎」。

「坎者，陷也」，欠缺思考計劃的人，會陷入危險之中。而「陷必有所麗」者，「麗」其意非亮麗美艷，而是依附、抓取之意，猶如依附繩索或樹幹就能脫離水患，猶如在汪洋之中，找到可以依附的船舶，所以「陷必有所麗」(☵☵)者，是代表在陷的時候，要抓取找到可依附的一線生機，才能脫離坎險，「故受之以離」。

「陷必有所麗，故受之以離」：其意即能找到依附的事務，而可脫離水患攀爬而起，簡而言就是在險難之中，找到依附的目標脫穎而出，也就是找到了核心的價值，而可附麗抓取到目標，因而脫離了險境，所以說「離者，麗也」。找到人生的目標，一心一意往前執行進取，必可成就亮麗的事業。

說卦傳的上經有三十卦，而此三十卦，是從天道與大自然的情性談到人道，而下經三十四卦者是言人道與七情六慾之中返回天道與大自然情境的火水未濟☲☵，太陽在天，山川河流在下，符合人類的生活，也符合返回到乾坤之定位。

子曰:「善易者不卜」之意,是說既然已瞭解了,事務的原理與來龍去脈,如此就不用再占卜了,陳如上述問題(九)的情形相同,所以不要受傳統思維所蒙蔽,要知道占卜、擇日、算命等,都只是一種儀式而已不是神秘與神準,而是事項的過程與結果論,沒什麼了不起。

　　所以說卦傳的上經,所表示的是大自然所形成現象,而其排序則是過程演變的推理與邏輯,如大過卦☷☴者其隨之而來的,是一波接一波的險難(坎為水☵☵),而當陷入險難當中時,就會想要抓取東西,找其核心的價值,以脫離攀爬再起,所以才會有陷必有所麗的卦序排列。

宇宙間的符號（易經四）第十二講(2016/11/30)

一、問題與解說。

（一）如果房屋遇有壁刀，如應用易卦那以何卦象避煞？

為避開壁刀煞如用易卦卦象，可以畫艮卦☶☶卦象，或直接書寫艮為山，因艮山者代表戊土（戊就是高山的艮卦☶☶），在五行之中，戊己土居中其色為黃，至於所用的筆紙，可用黃紙再以黑筆書寫，因此所畫的卦象，或書寫文字及所用紙張，都代表了戊土的形象，以戊土而言對尖煞（壁刀）者，能產生一種轉化作用，在民間信仰，若感覺門外有形煞，就會在門口放置石敢當（戊土為艮卦☶），以石敢當而言，也是代表艮為山（戊土），壁刀者乃庚金之氣，是為外在的形煞與氣流，而戊土對庚金之氣，切能加以轉化與阻擋，所以有上述這些現象，就可用艮卦卦象，或書寫艮為山來轉化。

如手機號碼喜歡用 7 的數字，無形中就會與 7 產生連結，因此 7 的數字多，在不論吉凶下，他所居住的周遭環境，就容易遇有壁刀或尖銳的形煞，如遇有這些形煞，由於人為木（木代表有生命東西），7 是木的官煞，因此也可於門外置水，因水是木的印星，

而且庚金遇水則止,同時也有五行相生的現象,因此就能將形煞加以轉化。

水是木的印星,而印星是代表保護者,所以水也有神佛之象,當透過符咒、神象化煞時,符咒、神象即為印星,所以渠等就有水的形態。傳統上遇有壁刀或尖銳的形煞,都會掛山海鎮,或各形式的符咒來化煞,若以山海鎮與符咒,都能化煞的邏輯,那掛上艮卦卦象,或書寫艮為山字樣,相信其能量絕對,比山海鎮或符咒的力量大。

(二)居家離24層樓高的大樓有二條街,其距離約100公尺左右,如此應如何避開大樓的煞氣?

一般而言看得到的形象,就代表其有力量存在,在 100 公尺左右還算很近,但對於此種形象,既然無法來改變對方,如果能將心態轉換,認定對方是一種文筆形象,而來接受容納他,如此就可將不好的現象,轉化為好的形象,因此與山不轉而路轉,具有異曲同工之意,而且將之視如文筆,那麼在文書或知識學習領域,可能會有更好的突破,因為思維的轉念,同樣的亦可改變氣場。

（三）以台灣積體電路製造公司為例，一般公司行號採英文字體時，貫性上都是用大寫，但該公司切反常態採小寫「tsmc」，而不用大寫「TSMC」，是否因分司行號字體，對公司有影響而加以改變？

以大寫「T」字形象而言，因為此「T」字形象如同不通，所以會形成阻礙，就如「工字」也是沒有突出頭，因此就會形成有志難伸，所以小寫「tsmc」的「t」，代表士的出頭，代表一舉成名天下知。陳如前一講中所述，所有的字體，猶如汽車儀表板，具有警示通知的作用，所以名字是一個期待質，期待自己變成什麼樣的信念，生肖則是期待質的過程，當人擇名之時，是同時配合父母生肖，以及本身的八字，而這些目的都是想要，達到期待質的過程，所以字體的影響力絕對是有的。

傳統上都認為，長輩往生火化後，就沒有能量或磁場，既然如此那往生者之遺照，應該是更沒有能量或磁場，但其遺屬們敢將其遺照，擺放於不當的位置嗎？相信無人敢有如此作為，要知道所有的東西，都是有其磁場，只是能量大小之分別而已，所以相同的文字絕對是有生命與磁場的存在。

既然文字有生命與磁場,那改名真的會有效嗎?首先要瞭解姓名所代表的性質,就如汽車警示通知之儀表板,以及為己擇名之長輩的期待,當長輩對此名字,期待了幾十年,都沒辦法達成願望,如此改了名之後,就有可能達成願望,這絕對是不可能的事,如有可能那姓名學的大師,就可自己更改姓名,讓其大發特發,何須從事姓名學的工作,以做為維持生計之用,所以以改名來改運,只是心理學、統計學與機率學而已,是沒有絕對的吉與凶。

　　要知道所有命理、陰陽宅學及透過佈局而來的能量結果,都是要配合累積福德,才可能產生契應,要不然那只是把心中的一塊石頭撥開而已,並不代表往後的路程是絕對的安全。也就是更改姓名意義,只是將心中的疙瘩移開,讓自己心安而已,實質上並沒有改變能量與磁場,更改姓名之後,仍然還是依自己想法前進,那又何能產生作用,所以改名、改姓,不如改個性;改掉原本的生活習性、飲食習慣,一定比改名、改姓的作用還來的大。

(四)在台南市府前路底的新南國小,其正對府前路之處,立了艮山之形建物,但其中央為中空,如此對形煞作用是否會減少?

一般而言山者代表門闕，雖建物設計為中空，但在形象上還是艮山，而中央為中空是代表，將煞氣作為一個轉化，而不是要加以阻擋，如採整體為密實的建築，那就是採用阻擋方式，而中空則是一種轉化，因整體為密實建築，如遇大水，而水無處宣洩，最後將導致潰堤，所以當氣太旺之時，就必須留有出口，以讓其有所宣洩，這就是化的作用，所以設計此建物者，是有其思維與邏輯的，如此除顧及美觀又可發揮化煞的作用。

◎在艮山形象之前，氣流最為壯盛，在此形象建築左側路旁，剛好有一家日式燒烤店，生意相當的不錯，何以會有此現象？

　　前曾提及一般住家，對路沖都是有禁忌的，因為其有物極必反的原理，且路沖是能量磁場之氣聚集之地，所以路沖的房屋適合當為生意場所，而不宜當為住家，因為住家是宜靜不宜動，而生意場所則是相反，宜動不宜靜。

　　該店剛好位於類似龍捲風氣場循環之處，因此氣特別的旺，所以人氣流動，就會相當旺盛，此店為避免氣流過旺，故於店門口兩側，設有大的水池並養錦鯉，目的就是透過水讓氣不至於過旺，而且水的能量

也有把財變大功能，同時又能儲存能量，因此設水池之目的，其一，可以化煞，其二，水多可儲存能量，因此能聚集能量與磁場，讓其成為恰到好處的磁場與能量。

另外一家位於他處的火鍋店，屋頂設計有下垂的竹子，店中央則設有沙盤，以老師個人感覺，下垂的竹子讓人具有壓迫感，至於此種設計目的為何，就讓人不太清楚，有可能是因該店坐西向東，而尖銳的東西、沙盤又代表丙火，因此想藉丙火讓木（店）欣欣向榮。

◎另外在水的運用上，其設計必須符合為壬水，因癸水是會破壞溫度與磁場，至於何種設計屬壬水，而非癸水？

　　一般而言屋外的小水池，或屋內小於五尺的養漁漁缸，招財的水轉盤等，都是屬於癸水，癸水者不可置於離方，即丙、午、丁、未、坤、申之位，因置於離方（南方）就會形成水火交戰，而產生火水未濟▤▤的現象；置於東南方就比較沒有關係，因此處是屬辰庫，就不會產生水火交戰的情性，若是較大的水（壬水）置於南方，反而會有丙壬交輝現象，形成水火既濟▤▤的情性。

　　所以佈局原則應儘量少用水，因用水不當就容易產生火水未濟☳☲的水火交戰，但如非設置不可，那室內就用五尺以上的漁缸，而室外的水池就做大一點；在第十一講中亦述及：「無法改變的外在環境是用來論斷，但內部的格局，則可以隨心所欲，加以佈局改變」，且佈局方法有很多種方式，所以不一定如燒烤店用水的方式，因為水如用得不當，則可能又形成另外的一種形煞。

　　在陽宅佈局上除可用水外，其實還有很多方式，諸如採用祿位方式來佈局。祿位者，是指藉由當事者出生者的年、日天干，找出相對的地支比肩或劫財之方位，以十二長生排列表而言，地支的臨官位就是比劫，即與天干對應為比劫的地支即為祿位（可參考老師所著萬年曆，第23頁十二長生排列表），如甲之祿在寅，乙祿在卯、丙祿在巳、丁祿在午、戊祿在巳、己祿在午（火土共長生）、庚祿在申，辛祿在酉、壬祿在亥、癸祿在子。至於可日干或年干，目的是為避免年干或日干，其祿位在門口影響出入，或是衛浴設備房間，或其他不宜處所時，讓兩者可以互為變換運用。

　　祿位之意，即用何人之祿位，此祿位就會與他產

生連結，譬如五個人同住於一個門牌號碼內，不分位階，此號碼就會與此五人，產生不同的引力關係，譬如門牌號碼為1號，而其中出生年有庚申者，就會與號碼產生，金來劈木的情性，而無此出生年者，就不會有此屬性。

又具有此庚申屬性者，1是其財星（我剋為財），如此其對於錢財的使用，就會大膽且隨心所欲，就是因庚金劈木關切，即號為1就有1的磁場，自然而然就會與庚申年出生者，產生金劈木的連結，如同手機號碼有7與1，也會有此種屬性，且門牌號碼是不易會改變的，因此居住於此處的不同之人，就會對此符號有不同的吉凶，其是不分是否為主人（戶長）或非主人。

就如老師在講台上課，面對的正中的東方這排，與其他兩排就會因角度不同而有所不同，如左手邊就為東北方，而右手邊是東南方，對這些不同方位的磁場，就會產生不一樣的現象，如東方老師是他們的辛金，當同學瞭解老師所講解內容，那麼老師就提升了其價值性，且本身也獲得成就感，因在同學角度，老師是為官煞，雖然老師講解得很好，但是同學想吸收切吸收不了，如此就會產生一種壓力、緊張，此稱之

為官煞。

　　一般對於財而言，都會想要加以掌控與擁有（我剋、我想掌控稱之為財），以甲木與辛金的對待來說，當辛金遇甲木，是凸顯辛金的成就感，因為甲木提升了辛金他的價值，在官星而言，是代表願意被約束，願意極限於一個範圍之內，於工作上其上司或老板是為其官煞，而官煞同時也代表制度，正官者為合理的制度，而七殺者就不一定如此，如有官煞自然而然，就會產生壓迫與壓力，也因有此壓力存在，所以無形當中就能提升其能力，如同學提出問題，代表同學釋放官殺，而老師是承接官殺者，承接以後，老師就會想辦法答覆，而所謂的想辦法答覆，即是透過印星（智慧與學術）來產生的。

　　當有了印星之後，印星觸動比劫來生食神、傷官，因此再透過食神傷官呈現給同學，所以同學的問題，也可讓老師增長智慧，因須在短時間內釋放出印星，然後由印星生比劫，再透過食神、傷官回答；老師回答問題時，同學是在接受印星，因此印星是屬於老師的，而同學接受印星之後，必須把它應用出來，稱之為食神、傷官，此食神、傷官則才是屬於同學的，食神傷官者是言語與行動的延伸，所以己身與食神傷

官之氣是較為貼切的,故整個授課講解,或提問與回答過程,就是官殺生印星,印星生比劫,再透過食神、傷官,等所呈現的一種循環。所以老師的知識與智慧來源,有一部分是同學所給予,因此古德言:「教學相長」。

綜觀上述而言,在同一個環境之下,不會因為房子名下為誰,就單獨與他有所連結,就如現在上課的美學館,館長是擁有直接的權力,且名下也是屬於他,但其並未來此上課,故雖擁有美學館的管理與使用權,但因沒有參與上課,因此不知老師的講解方式,以及上課內容,反而是當下來上課的同學,才瞭解授課內容與講解方式,所以是使用者才會產生,頻率上的互動而非權利人,也就是住於此一空間,就會受到此空間的磁場與能量的影響。

若是沒來此上課或搬離此空間、不住在此空間的人,就不會再與此空間產生連結,如房屋為父母所有,但他們並未居於此處,如此父母就跟此屋沒有連結,但如此屋如有供奉神明或祖先牌位,那就會產生磁場上的連結,這是因祖先牌位(DNA)會連結到自己,所以房屋只是在名下,而未親自居住,又無供奉神明或祖先牌位,是不會有所連結。

（五）何字有火天大有卦☲☰的形態？

　　以字體而言「晴天」字者，就有火天大有卦☲☰的形態，因為晴（火）天（乾）時，太陽非常亮麗，可以普照大地，而陰天之象為水天需卦☵☰，是雲上於天，遮蔽了陽光，若只是自己有，那則只是小有而已，而真正的大有者，是要普及到大家都有，所以「晴天」之太陽是亮麗的，而且可以照耀整個大地，使萬物都享受到陽光，也因為整個大地都有陽光，因此才有大有的情性，所以「晴」字有火、「天」字為乾，為火天大有卦☲☰的形態。

　　火天大有卦☲☰，本身必須很有朝氣，青者代表東方與春天的習性，而春天者，是代表活躍與成長，所以要擁有這麼多的能量，本身也要有能量與朝氣，要懂得自我成長，如果從單一的晴字，是太陽讓樹木蓬勃而生，即是朝氣勃勃，從此字的日陽青陰的屬性，就可知何者為陽邊？何者為陰邊？但在生肖姓名學學者，總喜歡把面對字體右邊為陽，而左邊為陰，因此產生錯用其字之意；所有的事物都有陰陽兩面，所以晴字是太陽讓樹木蓬勃而生，樹木產生了能量，因此就有辦法主宰。

　　所以「晴」字是很好的，但只想安靜遁守，就不

要取此字，因取此字就沒有辨法，照自己的願望而行，此字是代表忙碌，所以想要成為什麼，這可以透過這些現象，來做一個詮釋，或許有人言三個日的晶，會不會又是更忙碌，這要看使用的情形為何，當然晶與晴來比，晶是比較屬於女性，晴則較屬男人，如不考慮用於男或女，以老師個人而言，比較喜歡晴字，因為「晴」是太陽讓花草樹木蓬勃而生，是為生生不息之象。

　　如果以晶字來說：「晶字有三個日是會更為忙碌」，唯一的感覺是「晶」字比較溫柔，「晴」字比較陽剛，晴字者透過了太陽的普照，因此他是在成長的，且其所長是自己可以主宰的，所以他也須如太陽一般，必須懂得付出，及照顧所有的事物，只要能有此做為，那麼一切是可以主宰的，所以文字是有其生命，故不可亂拆解，名字是有其原意的，且有祖先與長輩給予的期待值，所以說名字不要亂改，但如有改名，就須稟告天地及祖先。

二、序卦傳下篇

　　「有天地然後有萬物」，天地者，在無形的氣場代表陰陽，有形的氣場則為乾坤，先天八卦的乾坤定位，是天地否卦☰☷的形象，否者上下沒有交感，故

代表尚無生命存在，只代表宇宙在大爆炸之後，能量慢慢聚集而形成的天地，故天地定位之時，是還沒有能量與磁場的運作，要有能量與磁場的運作，就必須要有陰陽交感與互動。

因此到了後天，天地就須有所錯（易位），當乾卦易位至西北，而坤卦至西南時，就成為地天泰卦☷☰的有所交感，所以泰卦代表有了交媾，也是代表春天與可用之水，當天地有了交媾，因此就能形成萬物，「萬物」者！是多到無法衡量之意，是為形形色色的各種東西，就而人類而言，也只是萬物的一種而已，只不過人類具有邏輯思考能力，與可累積智慧，再造更有價值的智慧而已。

如以八字邏輯代表萬物，則是應用在十神法走一圈，即是一循環的十神法，因此十神法可以為萬物的基本元素，**「有天地然後有萬物」**，代表了天地有陰陽交媾，所以才能形成看得到，與看不到的所有生物；**「有萬物然後有男女」**，當有了萬物，就會產生男女，男女在十神法中，是比肩與劫財關係，比肩、劫財就是萬物陰陽屬性。

如甲乙二者除代表木外，同時也代表陰陽與男女

屬性,甲為陽(震卦☳)、乙為陰(巽卦☴),在八字之中非要有財星、正官、七殺才代表有感情,其實只要有比肩與劫財同樣就會有感情,因男女情感是先從認識開始,然後成為朋友繼而變成情侶,再經結婚而成夫婦。

「**有男女然後有夫婦**」,初始的男女即是比肩與劫財,因此比肩與劫財者,是屬陰陽對待關係,有了男女的陰陽對待,慢慢產生感情,進而結婚,就可產生夫婦情性,有夫婦情性因此從比肩劫財,又變成了財官的組合。

所有夫婦即從原來的比劫屬性,化為財官的關係,而財官的組合,就是天干的五合(甲己、乙庚、丙辛、丁壬、戊癸),以及正財、正官的乙戊、丁庚、己壬、辛甲、癸丙。如甲之妻為己,從甲的角度己為財,從己的角度甲為官,所以夫妻者,是財官的組合。

「**有夫婦然後有父子**」,有了夫婦後就會有父子產生,而父子者,又是比肩與財的關係,因為父親與兒子,是在言跟財星與官星的對待,何以父子是財官的對待?

　　譬如甲的太太為己，而己所生的兒子是為庚、女兒則為辛，當甲庚為父子時，從甲的角度，庚金為官殺，即子為父的官星，而官星者，是代表壓力與責任，再從庚金角度，甲則為其財，即父為子之財，所以兩者亦是強調財官對待；雖然是強調財官對待，但任何的事物，還是有一個主軸存在，而此主軸者，便是起始的比劫定位，即比劫是永遠存在的，有了父子之後，就會產生君臣關係。

　　「**有父子然後有君臣**」，君臣二者！同樣是財官的對待，因為臣是君者想要擁有與控制的，所以也是為財，官代表君、上司或主導者，所以君為官而臣為財，由開始至此都在言財官的定位。

　　「**有君臣然後有上下**」：接著有了君臣之後，就有上下之分，而上下者，是在強調印星與食傷的關係，若用木定位，水是從天而降，所以其上為水（以五行相生關係，因水生木故是上下排列），而下是木之後的延續，再將木定位為自己（我），如此水在上，代表為印星，而印星是在照顧與保護，及給予能量磁場的人，所以是代表父母雙親。

　　進一步而言在前後的對待關係上，印星代表在背

後的保護與照顧者，如房屋磁場而言，印星是代表來龍，即在背後，而食傷者，是自己看得出去，以平面方式印星是在背後為來龍，食傷是在前面，代表屋前的明堂，此位是向外看的地方，因此前如有高壓物，就會阻礙了明堂，且食傷是代表表現的舞台與氣場，當代表明堂的食傷受到高壓，就會使食傷無法表現，因此就形有志難伸，故居家之前明堂不要太過狹窄，因過於狹窄就會有被壓迫而難以施展現象，故明堂寬闊才容易展現能力。

所以印星代表父母、來源是來龍，讓自己有所依靠，食傷為明堂，使自己能有所表現，版此可見下傳開宗明義，就是在說明十神法關係，而上傳如前述是在說明天道到人道，與大自然運行的道理，所以下經開始言人道到天道，即言人的七情六慾，以及處事的行為準則，也因言七情六慾的關係，因此由澤山咸卦 ䷞ 為始。

「**有君臣然後有上下，有上下然後禮義有所錯**」：錯者是上下易位的綜卦（覆卦），也就有錯與綜才會有生命、才會有行動、階級，如果天地都不動，那就只有天地定位，即只有宇宙初形成的樣貌而已，並沒有生命的存在的階段與執行力，而是經過後天的陰陽

交媾，才有生命產生與延續，錯者是謂安置意，故上下易位即陰陽重新定位，綜觀上述的這些現象，可以說是八字十神的對待關係，所謂的「十神」，是大自然的十種定律、十種主宰的延伸。

繼之的「**男女之道，不能无感也，故受之以咸**」，也是在言比劫之對待，而咸者是代表無心之感，是真誠之愛而無其他的目的，將咸卦 ䷞ 化為十二地支是為酉與戌，而酉與戌是後天兌與乾之位，而兌為澤、為口，而到了戌位加了口就成了咸字，所以受之以咸，「**咸者，感也**」，是無心之感，如有「**相感則為夫婦**」，也就是有了互相感應，再進一步就是結婚，而結婚之目的，仍在於想進一步的互動，延續新的生命長成。

所以由酉戌的無心之感，來到乾亥之位（此即為龍戰于野，其血玄黃），亥者為全陰之地故為坤為地 ䷁ 六陰之位，所以形成了陰陽交媾的夫妻，有了夫妻就可延續下一代，因此亥就成藏有了甲，代表了下一代的形成，因此整個邏輯到了這邊，是從酉位而戌，成為澤山咸卦 ䷞，因此再進一步形成了龍戰於野，其血玄黃的現象，也就是形成乾坤的交媾，所以說「**咸者，感也；相感則為夫婦**」，所以夫婦者是代

表乾坤的交感。

「**夫婦之道，不可以不久也**」：不可以不久也，其意代表比較沒有辦法久長，容易有其它的變數，所以希望夫婦必須要天長地久，所以「**故受之以恆**」。恆字者代表自己的心，要如太陽一般的運轉永照，心旁的亘字即有日出日落的丙丁之象，丙丁者也是比肩劫財，所以說必須如以前男女朋一樣的無心之感，不要有其他的念頭，因此可以永遠到白頭偕老，所以用恆來詮釋與代表，也如同太陽運行日出、日落又再度升起於永恆。

「**恆者，久也；物不可以久居其所**」；也就是物不可能，永遠停留於一地，所以「**故受之以遯。遯者，退也**」：遯亦通於遁，而遁者，是首隱藏進入厂之中，故有隱藏之意，但也有搬遷，及重新再整頓之象，天山遯卦者，是庚金來到了戊土之上，即先天的乾卦易位到西北方位的艮卦，乾遯於先天艮山之中，此位也是乾坤交媾之處，所以此處也是乾卦的初爻，故此處亦是終始之地。

先天乾遯入西北方先天之艮，所以遇事故時，須稍加退讓，並好好的思考，所以遯不代表沒有，而是

代表重新規劃整頓，當然有時也因其他因素，而必須隱藏，所以「遯者，退也」，有居於幕後之意。遯也有因種種因素，須居於幕後重新整裝，然後再出發之意，所以**「物不可以終遯」**，即不可永遠退到幕後，當整頓、規劃一切完成之後，就須應運而起，一鼓作氣再出發。

其邏輯是**「物不可以終遯，故受之以大壯」**，即整頓規劃完成，就須往前再衝，因為隱藏太久，各種事物就會荒廢，當再出發時就須以大壯卦☳☰方式而行，大壯者有四個陽爻，能透過此四個陽爻能量破土而出，就是以四陽之力突破陰爻的逆境，即以大壯陽能脫離逆境；但也不可盲目的向前衝，在大壯卦九三爻即言「小人用壯，君子用罔，貞厲。羝羊觸藩，羸其角。」所以不可盲目為之，因衝之太過就會被束縛，故**「言物不可以終壯，故受之以晉」**，晉代表進、前往、代表升，其象如同太陽慢慢升起。

「晉者，進也」：晉是柔進之意，也就是慢慢而來，且晉者不是只有進，同時還須付出自己的愛，因為火地晉卦☲☷主體為太陽，所以要晉就必須付出時間與愛心，這就是火地晉☲☷的形態，付出時間與愛心來關照所有的人，如此才能加官晉祿，這就是太陽普照

大地的形態，要具備此種形態進才會有所得，官運亨通；晉卦也代表太陽升起，就如元旦的旦字，就是火地晉**☲☷**，旦字底下的一橫為地，所以是日出地上的形態。

元旦是陽曆一年的開始，如果把火**☲**當為主體，如此地**☷**就為客體，所以是太陽普照大地，因大壯**☳☰**者是甲木與庚金關係，故衝得太過就會傷害到自己，因此要有大壯**☳☰**，就必須懂得付出，而懂得付出這形成火地晉**☲☷**的形態，因為太陽普照大地，就是代表必須懂得付出，即擁有很多的能量之時，就須為國家社會盡力，如果只有自己想要擁有，那就會變成金來剋木，而變成甲申之象。

雷天大壯卦**☳☰**在雜卦傳言「大壯則止」，是代表樹木停止了成長，行為舉止如果沒有約束，那麼甲木就會受傷，所以「止」者，是止在本身的行為舉止，與自我的約束，所以說甲申日的人是懂得自我約束的，木如果過於高大就容易受損，所以甲申日出生的人，如身高馬大就很容易受傷；唯太陽升起亦總有太陽下山之時。

所以「**晉者，進也**」，在不斷前進時，即太陽從

東邊運行到西邊，進字辵部上的佳字，是與兌卦的屬性是很雷同，也就是雞的形象，且由東邊運行到西邊，因此才稱之為「進」，仍一直的在前進太陽就會下沉，所以說**「進必有所傷，故受之以明夷」**：明夷就是太陽下山，所以名字有進之人，隨之而來的會變成明夷。

　　所以在進之時，必須懂得學習求知，如果不知學習求知，而一直盲目前進，最後就會成為地火明夷☷☲，然而明夷也不是代表不好，**「晉者，進也」**，其主體為太陽的能量，若一直前進到了西方後，會進入西北方位的戌乾亥，即太陽下山而失去其情性，進入了黑暗，所以稱之**「進必有所傷」**，而此「傷」有時是受傷，有時是代表在孕育能量，也就是休息是為了走更長遠的路，所以傷有時是休息，**「故受之以明夷」**，即戒人應懂得休息學習與求知，如此明夷就會變成自信、平易、平安的「化險為夷」。

　　明夷者乃地下有火的能量，明夷在干支上為己巳之象，所以己巳的明夷，並不是所有的火皆不見，而是在養精蓄銳、積蓄能量，是代表一個很有能力與實力的人，所以己巳之柱如為女命，則能力很強且強過其丈夫，因為他會把巳火壓在地底之下，巳火代表丙

火,而丙者是家中的男主人,所以有把男主人壓在地下之象,代表其能力超越其丈夫。

所以己巳者,己土之下有正印,是很有能力,故瞭解其意涵時,就不會受文字影響而自我設限,所以明夷是在養精蓄銳,即在太陽下山之時,懂得調適休息求知,就能更有一番的作為。「**夷者,傷也**」是代表太陽情性下山不見,要懂得調整、儲備能量,才不會耗損、毀壞。

「**傷於外者,必反其家**」:當太陽下山後,在外面辛勤的工作者,也會返回家裏,家者有代家人的團聚之象,所以明夷有時也代表,比較重視家庭感覺,因他是希望土地之下有能量,土者代表房子,因此可代表家,有土斯有財。

地支所有的火,其一定會依附在一個空間,而土者就代表空間,如現在教學的教室,是可以代表戊土,寅的本氣為甲及戊丙,所以火都會依付在一個空間,而這個空間代表了房子,此也就是土,而房子即有家之意,在所有的火其能量會聚集在戊己土,所以空間會聚集能量與溫度,所有的火其旁一定有土,不管是戊土或己土,如此火才能儲存。地支的未本身就為

土，而此土是代表有能量，包括太陽下山之後的戌，而戌也代表戊土。

所以丁旁還是有戊，在十二地支中，凡是有火的一定有土，這就是所有的火，會保持在空間在土之中，所以地火明夷卦䷣者，會比較在意家的感覺。也就是太陽下山之後，就會返回家裡，所以說「**傷於外者，必反其家，故受之以家人**」反通於返。家人卦䷤，因為家庭是溫暖的地方、是凝聚的地方，是療傷的地方，而「家道窮必乖」，乖者是背離之意。乖字是一個空間，有牆間隔且是背對背，所以有背離之意。

所以「家道窮必乖，故受之以睽」，而火澤睽卦䷥的睽字，是代表眼睛被感情利益所蒙蔽，因為從火的角度，火為丙火而澤為辛金。所以是太陽被蒙蔽，從火澤睽這角度看，天干中 16、27、38、49、50 等組合，都是夫妻的關係，從丙的角度辛為正財，從辛的角度丙為正官，所以說丙火容易因感情利益，而蒙蔽自己的眼睛。

所以日主為丙火者，如遇到癸水就為正官，以女命丙火遇癸水的正官，有時會認為丈夫是非其想要

的,是因一時衝動而認識結合,以工作而論,會有此工作是非其想要的,這就是丙癸之現象,所以大家都認為正官是好的,但我們從《易經》六十四卦這些屬性,可知正官、正財不一定是好,以此組合可知正官被蒙蔽,所以丙辛合(火澤睽卦)才會期待化為水,所謂的期待是代表沒有。

「**睽者,乖也;乖必有難**」,所以乖者是乖離、違背、不合,因此必有難,也因常把困難解決了,所以乖也代表聰明、機靈,也就是丙火被辛金蒙蔽,只要把丙辛之睽化為水之後,那麼就可以化解危機,所以「**乖必有難,故受之以蹇**」,一般人對蹇卦 ䷦ 都有,如雜卦傳所言的「蹇,難也」,事實上蹇是把危機的丙辛合化為水了,合化為水之後是成為壬戌,即原來的丙辛之蒙蔽已轉化,所期待的水也來了。

蹇者是代表寒足,而難是難在水要往山下流,會有重重困難,因有重重困難,所以會有危機意識,所以難者可以產生危機意識,而懂得如何防備。當水由山上往下流動,一定往兩邊流動,所以表示懂得兵分兩路,即投資時知道,把雞蛋放於不同籃子,以降低風險,所以「蹇者,難也」,是代表前之睽為受難,而將「難」化解之後,而懂得產生危機意識,就只是

一種困難而已，故蹇是懂得困難、不容易之意，而凡事謹慎小心行事。

　　「蹇者，難也；物不可以終難」，是說經歷了這些問題，就能產生智慧，透過智慧就不會再犯同樣的錯誤，所以**「物不可以終難」**，代表不是每一個問題，其困難都是相同的，但總是會有解決之道，**「故受之以解」**，而解者雜卦傳言「解，緩也」，即透過智慧經驗，慢慢的將困難，一件件的解決、排除，但是困難這麼久了之後，也不是很快就可以處理，所以是從高而低，上而下慢慢來。

　　雷水解卦☷☵有甲子之象，是為六十甲子之開頭，所以**「解，緩也」**。即甲木在吸收水份過程是慢慢而來，所以甲木的求知，是暗中慢慢的在學習，故稱之為「緩」，甲木也沒有辦法快速成長，在紫微斗數稱之為，武曲貪狼不發少年人，而武曲(辛)、貪狼(甲)就是代表甲辛，當甲木要結成辛金的果實，是沒有辦法快速結成的，所以紫微斗數也是言天干與地支屬性，故當瞭解了天干地支以及易經卦象之後，就可恍然大悟，所有的事物都不會脫離易卦現象，所以解決事情是沒有辦法快速。

雷水解卦甲子之柱者，甲木在寒冬慢慢穩定成長，就沒有辦法快速的，一切都是穩紮穩打、按部就班而來，解者緩也；但有時凡事慢慢就會失去機會，所以「**緩必有所失，故受之以損**」，也就是一切慢慢而來，就會被認為是慢半拍，當有好的時機因考慮了過久，有時候就會流失機會，但損卦䷨者亦非代表不好，有時損可解難。

山澤損卦䷨所代表的天干與地支，在六十甲子之中，因沒有戊酉，所以用戊與辛為組合，代表高山釋放了，也可用戊辰來代表，其聚集之雲霧所產生的水資源，即高山聚集雲霧，而雲霧變成水之後，切往外而流，即聚集了東西之後，切沒有辦法為自己所用，所以才有損的象，即氣往外洩，而沒有辦法加以掌控因此為損。

但有時損些時間金錢，就可脫離危機，故繫辭下傳言「損以遠害」。而「遠」有距離很遠沒有辦法接觸，及保持距離、不接近的觀望之意，所以「損以遠害」者，是當遇到事故時，損一些時間或金錢利益，就可以解決問題，同時也有跳出框架而看其演變的結果論，所以損者並非不好，反而因為有損，而可以脫離險難與危機，所以繫辭言「損以遠害」。

宇宙間的符號（易經四）第十三講（2016/12/07）

一、問題與解說。

（一）以時空卦丙申年、己亥月、戊午日、戊午時、
　　　壬戌分，占問購買土地，如此是否可以成交，
　　　又價格大約多少？

```
分　時　日　月　年
壬　戊　戊　己　丙
戌　午　午　亥　申
```

　　購買土地者，可以從兩個角度來解析，其一為土，其二為印星，印星者代表保值、保護，在此時空卦中，己、戊、午、戌共六個土象，可以說整個卦象，都有土的習性，因此代表買地之人，已看了多處的土地。

　　此時空卦最主要的落點，是在戊午日的戊午時，而此兩者形成比肩，因此代表有二處地方在選擇，或有兩個人在競爭，同時也是有臨近住家之象，若是有競爭者時，因競爭者是出現在月柱與時辰，故其競爭力大於自己（月令與時辰是有溫度，故兩者能量大於日柱，即日柱的午，比月令的午與時辰午較沒有能量），故若有中意就須儘快與地主洽購，且日主的午

旁又有亥，表示午是在降溫，即心中尚是模稜兩可反反覆覆。

　　此地如果是臨近住家之意，那代表可以購買得到，此處並非午戌合，而是比肩現象，即我與其是為同屬性，因此可以擁有他，且日主之旁有相同干支，所以此塊土地是很合適。整個時空卦落點在戌，代表戌把午的能量加以收藏，故買此土地只是將其收藏而已，並非是做為房屋建築使用，如想買是可以買得到的，至於價格因午的落點在戌，兩者相差之數為5，故有5的象，所以若是高價者，每坪為15萬元或25萬元，若是低價者，則為每坪2萬5仟元（此象的屬性是透過午火進入戌庫，午火停留在戌庫因此將其折半計算）。

　　另外此時空卦土多，代表欲購土地周邊房屋很多，且戌為高山之地也代表轉角之隅（八卦的四隅位即指四個角落），或隱密性的巷內土地，猶如遇字是路上不期而遇的邂逅，偶者是人與人相遇，然後相處在一起，如夫妻謂之為配偶，寓者代表在屋內相遇，萬者代表乙木彼此相遇，所以是雜草叢生，因此代表是很多之意。

（二）名字含有草字根，是否雜事會很多？

在我們所研究學理之中，甲木最怕的是申月的狂風暴雨，而乙木則是不過冬，所以乙木從酉、戌、亥、子、丑就開始凋零，又因木是代表有生命的人，因此凡是人字旁、或是草字根及木字根者，其所忌諱的月令季節，是有所不同的，猶如上述草字根者，比較沒有辦法過冬，而木字根或是人字旁者，就是怕立秋申月的狂風暴雨。

因此代表草字根的乙木及卯木（巽卦☴）就有將近5個月在凋零，而木字根或是人字旁者代表甲木及寅木（震卦☳），，就只有一個申月而已，所以傳統上就會認為，草字根者其雜事會很多，即在於乙木有不過冬的原因，木遇申月才會受到傷害，故全年只有十二分之一，而乙木或卯木則有十二分之五，確實在風險上多了五倍，所以才會覺得，有草字根的人雜事會很多，而且丁酉年又有卯酉沖之嫌。

其實乙木者在秋冬之季或是明年的丁酉年，如知所學習與休養生息，到了春夏之時再來衝刺，那就不會有雜事太多情形。所以有很多事物，不要自己嚇自己，因自己嚇自己，那就會被束縛。草字根者只要懂得，乙木不過冬的道理，在秋冬之時做深切的反醒靜

化,並多多參加戶外的活動,就可免除秋冬帶來的危機;若明知乙卯木不過冬,切偏偏在秋冬之際,要擴展或投資事業,那當然就會成為,戌卯之象的山風蠱卦☲☰。

蠱者,其象為盤上之虫,是看得到的公開方式,他也是啃蝕植物的小虫,代表能將投資事業予以啃蝕毀滅,故他是以公開的方式,來啃蝕並加以毀滅,所以乙卯者在秋冬活動,就是擺明將置於死地,這就是蠱卦的屬性,反之若知所休養與求知學習,如此其內的震卦(互卦三四五爻),就能破土而出;當樹木在秋冬樹葉掉光,而在春天又快速冒出,這即乙木不過冬,與草字根雜事很多原理。

另外如果草字根者,如可配上木或人旁的字根,除具有修護能力外,也能提升其力量,所以在挑手機號碼時,原則上 1(甲木)要搭配 2(乙木),2 搭要配 3(丙火),代表陽光能給花草蓬勃而生,且 2 搭配 3 也有風火家人卦☲☴之象,若乙木沒有配合丙火,就會變成火風鼎卦☲☴,而形成另外不同屬性。

(三)居家樓高三層而隔壁為四層,如此對住家有無
　　影響?

　　若居家樓高三層，而隔壁為四層，兩者相差一層，如此則屬地山謙卦☷☶的象，反之若是整排為三層樓，而自己單獨增建為四層，那就成為山地剝卦的象，山地剝者，對所有的事物，就沒有辦法掌控，而地山謙卦☷☶象，則變成是對方將機會或利益釋放給自己，所以居家之處有此象時，那是沒有問題是好的，但對方如是樓高十層，那就非地山謙卦之象，而是形成一種形煞。

二、序卦傳下篇

　　「緩必有所失，故受之以損」，一般都會認為損卦☶☱不好，但繫辭傳言「損以遠害」。代表損是可以脫離困難，所以損非不好，**「損而不已必益」**，是說不可能一直的在損，也就是損之後，有時也會獲益，因為你的付出，也會得到公平的回饋。

　　譬如上課時老師將很多的方法，與理論與同學分享，若老師有新的學識理論，與好用的東西與同學分享，代表是把物品倒出來，從老師角度好像是在損，但將已有的東西倒出來後，腦中就能再裝新的東西，就如將茶杯舊水倒出，就可加裝新水進來，當然也有老師會隱秘自珍，但隱秘自珍而未流通，最後就會成「蠱」，當房間舊的物品很多，而未加以整理，就很

容易長出虫鼠，即有很多事物都放不下，總是積存於心中，久而久之就會導致身體健康不佳，因此就形成蠱卦☶☴之象。

　　所以損非不好，偶而也會帶來益處，所以損卦而後為益卦☴☳，其原因也在於此，故言「**損而不己必益，故受之以益**」，益有心靈上的益，成就感、累積了福德的益、福報的益、實質利益的益……；就如台東以賣菜維生的陳樹菊老太太而言，捐出其賣菜所得，本身雖然有損，但他切樂在其中，雖然有損，但他確得到了快樂與成就感，以及社會對他的嘉許，也幫助了不少弱勢的家庭。

　　山澤會損的原因，是因將舊的事物予以革新改變，其象就是高山聚集了很多的雲霧，當他把雲霧轉化為水，而這些水又慢慢的由艮卦的高山上往下而流，因此從高山艮卦☶戊的角度，就是一種損的現象，但是這種損反而會讓他，再產生新的水循環之能源與能量，若為那些雲霧一直罩於該地艮山☶之中，也將導致樹木花草沒有辦法成長；故言「**損而不己必益，故受之以益；益而不己必決，故受之以夬。夬者，決也**」：決者，代表東西如不斷而來，則將會導致無法容納，如水庫不斷的進水，而沒有流通，最後將導

致堤防潰堤。

　　其象是上面已經爆開（☱），猶如水庫之水過多，可由霸頂往外宣洩，如此水庫就不會潰決；說卦傳乾卦代表為玉，而夬卦☰下卦為乾，因此是粗玉，而上卦的兌卦，代表經過處理，所以是精緻的玉，兩塊玉交疊在一起就成珏字，也因交疊之處會有裂痕之象，所以珏字之屬性也是通「決」。

　　「**益而不己必決**」，而決者亦代表秋天的習性，秋天宮位是申、庚、酉、辛、戌、乾，所以這些組合都代表澤天夬卦☱的象，在秋天的之時容易產生狂風肅殺之氣，此氣能修剪樹木的枝枝葉葉，而風雷益卦☳之象，為乙木依附在甲木之上，代表樹幹之枝葉茂盛，而在枝葉太過茂盛時，就須透過大小的金（庚辛）來加以修剪，所以卦的排列組合，是益卦之後為夬卦，所以夬之意，就是要整修枝葉，讓樹幹得以成長，所以「**益而不己必決，故受之以夬**」，因此好處一直進來，就必須疏通、分享，故夬者就是一種修飾、修剪、整理、決斷、疏通。

　　「**夬者，決也；決必有所遇**」，決代表把事情做解決與處理，然在處理事物之時，就會遇到好壞之

事,故決必有所遇之遇如是好事,那就是一種相遇,如是不好者就為遭遇。至於是屬於何者?只能說此二者同時存在,因此言「**決必有所遇,故受之以姤**」☴☰,決是解決台面上的事情,而姤者則是解決台面下之事,所以夬卦☱☰卦辭言:「夬:揚于王庭,孚號,有厲,告自邑,不利即戎,利有攸往。」即解決事物之時,有時會遇上台面上,無法解決的事情,那就必須在台面下解決。

所以「**姤者,遇也**」有將台面上,轉為私底下之意,姤卦☴☰在邏輯屬性上,是為庚金(乾☰)與乙木(巽☴)的組合,是庚在上而乙木在下,由庚金的角度乙木為財,因此有庚金屈就於乙木之象,因此才說有私下解決之象。

而庚金遇乙木,是庚金遇到財,而財也代表感情,因此天風姤卦☴☰有遇到感情之意,所以也有不期而遇的邂逅之象,「**姤者,遇也**」即處事會遇有很多的事,故會有很多的相遇,庚金之屈就於下,也有蜜蜂在找尋花朵之象,樹木所開花朵,必須透過蜜蜂傳播,如此才能結成果實,果實經傳播就可再蓬勃而生,所以種子的蔓延傳播是代表重新播種之象。

「物相遇而後聚，故受之以萃。萃者，聚也」，萃為澤地萃卦䷬，萃卦之象是從花結成果實，當結成果實時就變成了辛金，其象是辛金在未土、己土之上，「萃者，聚也」也是一種聚集之意，而萃字上之艸代表上層者，而下的卒字代表較為低等，或不好的東西，但不管是下層或上層，都是全部集合在一起，所以萃卦是將很多的種子同時加以播種，所以姤卦是從認識到結婚，而萃者有時也可代表第二春，即重新再播種之象。

姤卦是剛開始不想結婚，在互動久了之後才結婚，姤卦是天干的五合，為庚金與乙木的組合，是為正官與正財的組合，而庚乙合也是夫妻之合，所以其屬性是經過互動，而成的結果論，因此姤與萃的屬性不同，然而也有學者認為姤卦是不期而遇，所以也把姤卦當成是第二春，庚金也可以代表大將軍，因為庚為乾而乾為天，故可代表領導者、主管、上司，但其象是領導者屈就於乙木，所以也有無可奈何，必須結合現象。

「萃者，聚也；聚而上者謂之升，故受之以升」，也就是在萃卦的播種之後，花草冒芽後就會開始成長，所以是聚後開始升長，所以受之以升卦䷭，但

一直在升而沒有辦法停止，那就會產生困的現象，所以說「**升而不已必困，故受之以困**」，而困在一般傳統字意上，都會認為是比較不好的，其實困是有大富人家之象。

上述地風為升是因乙木（巽風☴）在快速蔓延，即乙木（巽風☴）聚集在己土（坤地☷）之上快速成長，而快速蔓延成長代表在擴展侵伐，當其一直在擴展侵伐，若能加以圍堵，如此就不會蔓延他處，所以困字代表將其圍堵並加以約束，有類似肥水不落外人田之象，而困字中的木有甲木的情性，所以「**升而不已必困**」，是一種合理的約束，也就是用圍牆將其圍住，就不會蔓延至他人土地，同時也是屬比較低調的傾向，因為將其圍住，就不會一再凸顯，因過於凸顯就容易招忌，所以困者是傾向於低調、暗中行事之意，不是受限不足的象。

所以澤水困卦☱☵即在圍牆之中整理思緒，並規劃如何來拓展事業，然後再重新出發，所以困卦是一種聚集匯集，另外困卦☱☵有水入澤之象，即水進入水窪之中，因此也有精英的聚集之象，同時也有把所有的能力與才華加以隱藏的現象，在六神法之中辛金（兌澤☱）遇到水（坎水☵）是為食傷，食傷者是代表能

力與才華的表現,而困是將能力與才華隱藏於內部之中,不彰顯之意。

　　所以澤水困卦☱☵有聚集、研發、探討的意義,但傳統上都因字意而認為不好,但從上述而看,「困」字並非不好,從「升而不已必困」,代表不可一直蔓延,因一直蔓延就是太過招搖,所以必須加以有效,且予以合理的約束,「困」字是把智慧金錢隱藏於起來,「困」字是深藏不露現。所以言「升而不已必困,故受之以困」。

　　「困乎上者必反下,故受之以井」,困卦大象辭言:「澤无水,困」,此含意並非代表困卦是澤无水,是水入澤不外流,把水收藏起來;要瞭解非水沒有了,而是水往地下而走,將其隱藏起在地底之下,因此下卦言井卦☴☵,而井字則有將事物,做有條理規劃的現象。

　　兌☱、坎☵是先後天同位,時序上為秋天是代表果實甜美,也是因有甜美果實才為困,而「困乎上必反下」,是言將水重新入注於地下,即將水再重新過濾,然後再讓其互通有無,而困是聚集會合,因此也有相遇之象,所以雜卦傳言「井通而困相遇也」,所

以井水是相互流通的,而且也是經過土石,重新過濾甜美之水。《莊子內篇第六大宗師》:泉涸,魚相與處於陸,相呴以濕,相濡以沫,不如相忘於江湖。此表現在「**井通而困相遇也**」。

若從於人事上而言,是由地風升能量發展開始,慢慢聚集、探討、研發的困再做一個規劃,然後建立制度(井)以為執行,所以說「**故受之以井**」。但井道不可不革,因為制度的執行,有時是會有困難的,即制度有時是無法執行的,所以說「**井道不可不革**」,因此就必須再重新規劃改革,將制度做一個微調,即當井用久之後,是須要將井中污泥加以清除,故井卦初爻言「**井泥不食,舊井无禽**」。所以「**井道不可不革,故受之以革**」,革卦☱☲是為澤火革,澤亦代表水,而火則是一種執行力。

澤火革卦☱☲,於六十甲子有辛巳之象(庚金代表氧氣與執行力、辛金代表二氧化碳與病菌、病毒,思想怪異),所以當井水用久之後,內部就會產生污垢,因此必須透過太陽(丙火)的能量,將不好的東西重新轉換,去除不乾淨的東西,水重新過濾,就是「**井道不可不革**」。

　　所以日主為辛巳者，是有澤火革☱☲之象，代表事物用久了，就會有藏污納垢情形，而有了藏污納垢就必須做心靈的靜化，並對事物重新審度與規畫，這就是辛巳者的特性，因不如此很容易被舊有的思維蒙蔽，因辛巳有辛金蒙蔽太陽之象，即辛金蒙蔽外在一切人事地物的眼睛，讓人霧裡看花，搞不清楚實際內部的狀況，所以須重新整頓。

　　而「**革物者莫若鼎**」，鼎者在雜卦傳言「取新」，如此就是代表把舊有的東西淘汰，所以受之以鼎卦☲☴，在先天八卦排序，1乾、2兌、3離、4震、5巽、6坎、7艮、8坤，在時序當中，震木破土然後開始成長，接著透過陽光而成長，而成長的過程，必須要有水資源，所以從震的一陽爻，接續為分開的離卦☲二陽爻，然後再是二陽爻聚合的兌卦☱，繼而達到三個陽爻的乾卦☰能量聚集。

　　當到達三個陽爻乾卦☰能量聚集時，就必須透過反思，然後再慢慢的倒退回來，不能夠直接再往前衝，因再往前衝，就會開始稍退，所以到了三陽能量具滿之時，就須反思何以有此能力可到此處，若不反思再直接而行，就會產生不穩定的狀態，因為到此之後將面臨，另一個新階段的開始，此一屬性即是將革

變成為鼎之象，「草物者莫若鼎，故受之以鼎」，即是透過反思瞭解以往的過程，如前講中曾言很多企業家在草創之初，因有无妄之心所以可以大有收獲，而當有了其他的想法後，反而無法再有從前的盛況。

所以无妄非不好，是因可無心的往前走，所以到了高位之後，就必須反省以往的過程，以避免產生新的危機，即是要反回初始的震卦☳；火風鼎卦☲☴的鼎也代表政權，是政權的象徵，鼎是烹煮飯菜所用之物，是全家之人的凝聚力之所在，而國家者也是一種凝聚力結合，因此就有政權的象徵，既然是政權的象徵，那麼「主器者莫若長子」，主是動詞，是言由嫡長子來掌握政權的傳承（中國歷代帝王時期的封建制），「故受之以震」。

震卦☳☳在說卦傳第五章言「帝出乎震，齊乎巽，相見乎離，致役乎坤，說言乎兌，戰乎乾，勞乎坎，成言乎艮。萬物出乎震，震東方也。」，帝字者，上為立，震卦☳的五個爻剛好是一個立字，震者也代表天干的甲木，所以兩者之屬性是相雷同，立下之巾字代表往下扎根，根基穩固。

所以立為樹木之頭冠，而巾為其底下之根，「主

器者莫若長子」，長子亦有重新開始之意，「**故受之以震。震者，動也**」；動者指震卦的陽爻，是透過震動準備破土而出，而震動之時就會產生聲音，所以也為雷，所以震為雷。

　　「**物不可以終動，止之，故受之以艮**」：即物不可能永遠動個不停，故在動之時須懂得思考，如此才能讓自己沉殿下來，因此必須有所停止，所以說「**物不可以終動，止之，故受之以艮。艮者，止也**」。而止者是代表艮，止字上頭加人為企，所以在企業經營，必須知進退之理，企字者上面為人為震（凡是人字旁為字根者，都可代表甲木、震木，因為五行中，只有木代表有生命，而人是有生命的），而下為艮為止，所以須知行則行，知止則止，即動靜不失其時，所以企業經營，含有震卦與艮卦的屬性，也就是知進知退，才能成就其事業。

　　然「**物不可以終止，故受之以漸**」，漸卦 ䷴ 方位含有丑、艮及寅，故其組合就是丑與艮，丑是代表艮卦是陰體陽用，又在後天的艮卦之宮位，所以艮也是丑艮的組合，即兩個高山的組合，漸卦者，也有寅木沒有辦法快速成長之象，漸者：「水之斬、水車斤」。水者艮山釋放之水，車者木慢慢長成，斤者艮山所產

生之雲霧；即寅木須慢慢的累積能量才能夠成長，所以說甲木沒有辦法快速成長，而乙木、巽木則可以快速成長，所以漸字代表慢慢而來，透過時間、能量的累積而來。

風山漸卦 的上卦巽風，雖然是乙木，他但是在強調甲木，從種子萌芽為小樹苗或小花草，然後在高山上慢慢成長，漸字具有水之斬的象，代表艮卦能夠產生水份，因此甲木雖然在寅之寒春，但因有了水份還是可以慢慢的成長，但樹木會隨著季節，或因天災而會有所折損，因而產生節節生長現象，所以艮在《說卦傳》第十一章：「其於木也，為堅多節」；猶如漸字中的車字，是甲木再往上生長之象，而斤者如同金字，是代表外來的力量、考驗，也有辛金果實之意。

甲木成長環境是在寒春之時，所以風山漸卦是代表春天之氣，故甲木能慢慢的穩定成長，所以漸卦的巽風，代表小樹苗，也代表在此時宜低調行事，循次漸進，而非指乙木，另外因春天宮位水氣充足，在成長過程中，難免會遇到一些狀況，而這些狀況即是外來的氣流（斤），因此會有一些受損，然雖有受損但也不會影響其往上成長，這就是風山漸卦 的大自

然生命歷練現象。

　　所以漸卦雖是慢慢而來，並非代表其中都沒有過程，由斤也可看出是對車成長之考驗，車字是有過程的，所以一個成功的企業家，不是完全沒有過程，他是經歷了很多的困難，然後將困難逐一解決，在排除困難當中，累積其能量與實力，所以「**物不可以終止，故受之以漸。漸者，進也**」：進即代表慢慢的穩定在成長，而漸卦也有東方離卦的象，是由艮而震而漸，再由漸而進，是為甲為卯、乙，即由寅而甲而卯而乙，即是為進之象，所以漸必有所進，進中的隹字代表秋天，是春夏者往秋天而行，因往西方就可結成甜美的果實，就能有所豐收。

　　「**漸者，進也；進必有所歸，故受之以歸妹**」。雷澤歸妹卦☳☱者，是代表此木從樹苗變成大樹，而大樹也結成甜美的果實，歸妹者，也可說是女孩子結婚之意，從女命甲的角度，辛金是為其正官，於易卦乾坤生六子而言，震卦屬性是代表長子，（風山漸的乙木代表小樹苗），但此處代表女孩子長大了，可以獨當一面，所以震代表長大且可以獨立，即從小樹苗變成甲木而可以獨立，所以歸妹卦中的震卦，並不代表男孩子，因代表男孩就無法稱之為歸妹，男大當

婚，女大當嫁，**「得其所歸者必大」**，得其所歸者，即代表慢慢的累積事物，由小樹苗到長大成才，因此就會成其大，**「故受之以豐」**。

雷火豐卦 是代表震木之下有火的能量，是為茂盛之意，豐字之下的豆字，也代表盤子之意，也就是祭祀時，盤子上裝滿豐盛東西，因放置盤子地方，大都是在一個小範圍的室內，或是在家庭內部，所以「豐者」雖然是外在的茂盛，但是在強調內部的能量；雷火豐卦 其象代表甲木之下有溫度，即代表內部有穩定能量，可以讓甲木無後顧之憂，因此才稱之為豐，豐卦在六十甲子的干支為甲午之象，但是甲午者是甲木死於午（參考萬年曆 13 頁）。

雷火豐卦 為六十甲子的甲午柱，於十二長生訣是甲木死於午(乙木長生於午)，既然甲木死於午，何以還能謂之豐？

因為甲午的雷火豐他是在強調內部，而不是強調外表的能量，因為甲木內在有能量能力與實力，一般看到甲木都只是看到外在茂盛的枝枝葉葉乙木，而看不到其甲木內在的能量，所以豐是強調樹幹，及外在乙木的茂盛，所以其屬性與甲木死於午不同，其只是

代表甲木是被外在，乙木所代表枝葉遮蔽而已，所以甲木並沒有失去其內在能量，故曰：「**得其所歸者必大，故受之以豐；豐者，大也**」。

「**窮大者必失其居，故受之以旅**」；即震☳木如生長過大，而沒有穩定的根基，就容易因根基不穩而傾倒，如困之隱藏，是外部看不到，財產藏於地底之下，故不會招忌，而「豐者」是外部看得到，若一直在強調外在的表象，就很容易失其居所，甲午的午是代表己土，因此甲木在己土之上是不穩固的，「**旅而无所容**」故一直強調外表的豐盛，就容易導致發生傾覆現象，而是要穩定其內在的根基直、方、大。

所以如果一直在茂盛，就很容易受傷，而受傷之後，就會落荒而逃（跑路），天山遯卦☰☶者是遁起來修練，因天為庚金，艮山為土，是土生金，是金找到印星的土，也是震木找到穩定的艮☶山，作為一種修練學習並重新佈局，然後再重新出發，所以天山遯卦☰☶之後為雷天大壯☳☰，而旅者是「**旅而无所容**」，雷火豐是因為他不是印星，是在強調食神、傷官。

從甲木遇午火，就是一種傷官的特性，是代表一

直在表現其能力與才華，因此最後就很容易一無所有，火山旅卦▆▆是代表食神、傷官，所以其與天山遯卦▆▆不同，遯之後為雷天大壯卦▆▆，是代表休息是為了走更長遠的路，而雷火豐卦▆▆與火山旅卦▆▆者是一直在表現其能力與才華，從甲木的角度，遇午火為傷官，即表現太過就很容易落荒而逃「**窮大者必失其居，故受之以旅**」。

火山旅卦▆▆者，山為艮土，十神法中火遇戊土，也是代表食神、傷官，而食神、傷官者，是代表一種肢體語言及不穩定之象，而食神、傷官是代表表現出來的肢體語言，所以旅卦就有落荒而逃的現象，當然此種情形也是可以加以轉化，即不要一直展現外表的能力與才華，並透過旅行（讀萬卷書不如行萬里路）來累積智慧能量，如此就可以再重新出發，如若不如此改變，而繼續展現外在的能力與才華，就將「**旅而无所容**」，即如太陽繞著高山一直在跑，就沒有辦法改變而重新出發。

「**旅而无所容，故受之以巽**」，不可以沒有穩定的居所，所以必須伏入，巽▆▆的滲透力，是比水更強，如冬天刮起南風，牆壁就會產生水漬，這就是巽卦伏入的現象，所以要如巽卦這麼低調；「**巽者，入**

也」，巽者是乙卯之象，巽是伏入隱藏，巽口往下代表針對內部，因此八字有乙卯者，無論男命或女命是很照顧家庭的，尤其是女命在原生的家庭中，因為其是伏入深入家庭之中；巽也是代表一種團聚的力量，如地風升卦☷☴。

　　地風升卦☷☴的風是代表快速蔓延乙木，能快速蔓延就能產生聚集的能量，卯木的本氣是乙，是癸水的長生，卯木好像是沒有看到己土，是因己土被快速成長的卯木（巽☴）所掩蓋，是因茂盛乙木，覆蓋於土地之上，因此所看到只是乙木，而無法看到己土，巽☴的入是代表穩定安逸的象，而地風升卦☷☴者是快速成長（升而不已必困），所以須透過規劃與制度，來加以約束管制，所以受之以困卦。

　　巽為風卦☴☴是伏入是深入家庭內部，且對每一個家庭成員，他都很在意而且誠懇相對，而且也能溝通意見，在外面的團體如公司社團中，與同事朋友之間亦有此相同的情境，這也是巽的特性，所以言「**巽者，入也；入而後說之**」，即團聚之後大家都會產生快樂的氛圍，所以兌者，代表喜悅快樂及說話之意，所以是「**入而後說之，故受之以兌**」。

兌者口向外，巽者口向內，向外者是將內心的情緒表達出來，「**兌者，說也。**」兌為缺，是兌上爻剝開，因此有毀折之象，兌也代表果實，當果實成熟時，有所收獲就有喜悅之心，若不加以採收，就很容易毀折，居家屋前所種植物，如有成熟結果，就必須加以採收，如不採收就會產生毀折，因而會引動居家者有腫瘤潰瘍之象。

　　「**說而後散之**」者，是說要將喜兌分亨，「散」有分散、散佈、推廣之意，「**故受之以渙**」；渙者 ䷺，是透過水的延伸與流動，將資訊（風代表資訊）分散推廣，因為其結果論為渙，所以渙卦的水，較傾向於壬水的情性，水也可以代表言語，可將好的事物說出來，而讓其擴展開來，渙卦的干支有乙亥之象，即是乙木遇到壬水，而當亥水隨意流動之時，「**渙者，離也**」；亥水可將乙木帶到最後的終點，因此代表乙亥者，可以入境隨俗，隨遇而安，其適應環境的能力很強。

　　風水渙的坎水也因他是流動之水，因此隨時在更換場所，從甲到乙，又從乙到丙，然而「**物不可以終離**」，即須加以約束規範，就如「升而不已必困」，代表樹木長到某一程度之後，就不會在長大，就其原

由是因高處有庚金氣流流動，如長得太高，就會產生庚金劈甲木，所以到達了一個定點，一個高度之後，就沒有辦法再成長下去，即沒有辦法生無止境，這就是「升而不已必困」的道理，這就是一種規範的道理，故「受之以節」。

故高樓大廈蓋得太高，同樣也容易受到庚金（乾為天）強烈氣流的破壞，所以該大樓所屬建築公司，或大樓管理之人在建設過程中或建設完成之後，就很容易易主，即樓層越高其被折損機率就越大，就是樹大招風庚金劈甲木之象。

「渙者，離也；物不可以終離」，渙者離也，是因乙木未扎根於己土之上，而形成無根之草，當其停留在壬水（坎水☵）之上時，又會隨波逐流，因此沒有固定的點，所以渙稱之為「渙者，離也」。

「物不可以終離，故受之以節」；所有的人、事、地、物不可以沒有目標、散漫，必須要有所規範節制，節者，代表自己被節制約束，水是沒有固定的停留之點，所以風水渙卦☴☵，才會有乙木隨波逐流，沒有固定之點的象，但節卦☵☱者是水受到節制，當水入於沼澤後，就會被規範約束，然後再調節運用。

節與困：上述言困是將財產隱藏，把內部的能量，重新做規劃，而節者（☵☱節），則是本身被規範約束，所以是水入澤之象；節者有癸酉之象，**「節而信之，故受之以中孚」**；在被規範約束之後，就能夠慢慢累積內部能量，水澤節卦☵☱大象言：「澤上有水，節；君子以制數度，議德行」。

當所有的水都入於沼澤之中時，就須再透過太陽能量與溫度，將水蒸發而往上飄升，因此又重新形成巽風，大自然的風是往上飄升，因此入澤之水，透過溫度蒸發，而往上飄升，再形成一個水循環，故言**「節而信之，故受之以中孚」**，中孚卦☴☱之象有大離卦☲（丙午丁）之象，即透過火的能量，可以把澤中之水，重新變成水蒸氣，而往上飄升，而火的能量也是代表誠信、禮節、熱情之意。

「孚字」有類似母鳥用爪提起小鳥，飛往他方或孚蛋之象（兌卦亦可代表雞蛋，而蛋透過離卦的溫度而孚化），「孚字」者，是代表信、望、愛之意，因為透過誠信、大愛的火之能量，才能把水蒸發、把蛋孚化，所以言**「有其信者必行之」**，行者代表能量與行動力，即是離火的能量，也是互卦震卦☳的能量，因為火才能驅動木，讓木有力量而行。

　　中孚卦䷼之干支為乙酉，前曾述乙酉之人如有豐收，不要急著享受，因為急著享受，辛金就會滅掉乙木，所以中孚者須有信望愛，尤其必須落點於最後的愛，即必須持續的付出，「愛者」，是代表火的能量，是無怨無悔的付出，如此才可以成就乙木，若急著享受那辛金就會滅掉乙木，此狀況與居家門前，有成熟果實須採收食用，若不採收而加以糟蹋，就會被食物反噬情形不同。

　　此處是在言人生的過程，猶如晚清時期因政治腐敗，人心思變致人才聚集，形成了太平天國，其起心動念即是有「**物相遇而後聚，故受之以萃。萃者，聚也；聚而上者謂之升，故受之以升**」之象，但當攻克南京以後，就大肆分封諸王開始享受，最後就因渙散而被曾國潘左宗裳所滅，所以此處之屬性，是言為人處事的道理，即有了成就就，不要急著享受來犒賞自己，還是需要付出信望愛，以照顧周邊的人事地物，如此才不至於功成身退。

　　所以八字四柱中有乙卯者，成功之後不要急著享受，因乙卯代表巽卦，巽有伏入之象，而乙卯之人是懂得照顧家庭，如急著自己享受，就會導致家庭分崩離析，乙木就很容易折損。然而在執行過程當中，會

有些事物是無法預計在內的，因此難勉會有所超越或超過，「**故受之以小過**」。然而這只是一種小的過錯而已，因中孚者是透過信望愛來執行，所以不會太大的偏差。

　　小過卦☳☶之象，是震木☳依附在艮土☶之上，甲木(震木☳)依附於艮土兩者是相輔相成，從甲的角度，艮土是代表父親，自己超越了父親，好象有所過失，但為人父母者，都希望子女能力，可以超越他們，所以是一種喜悅的象。

　　小過卦卦辭言：「小過：亨，利貞，可小事，不可大事。飛鳥遺之音，不宜上，宜下，大吉。」。所以也有小鳥練飛情形，因剛開始練飛，如飛得高就會摔得重，所以不宜上，宜由下慢慢的來練習，所以小過者並沒有什麼不好，所以言「受之以小過」，而「**有過物者必濟，故受之以既濟**」；即把這些小過失再做微調，就可渡過大河、度過險難，其意就是可以達成所想要的願望。

　　既濟☵☲者是水儲存火的能量，以干支而言是壬午之象，是壬水儲存了午火的能量，因此代表壬午之人，有辦法把財變大，其象如果是癸巳，就傾向火水

未濟☲☵之象，因癸水會把太陽的能量遮蔽消減，雖然兩者天干同屬水，地支同屬火，但兩者內部的能量是不同的，雖然壬水會把癸水搜括進來，但癸水的能量，還是來自於壬水，到最後癸水又歸於壬水，所以**「故受之以既濟」**。

水透過丙火蒸發，就會產生水循環，但在產生水循環過程，丙火太陽的溫度會慢慢的下降，而原來壬水蒸發之後，又變成癸水，當癸水下降時，又破壞了午的能量，因此午火必須持續保持溫度，才能不斷產生水循環，癸水是透過壬水而來，但到最後癸水又歸於壬水。所以言**「有過物者必濟」**，其意是自然而然可以達成願望，所以小過者非不好，只是小超越而已，即每天累積一些能量，最後就可形成大的超越，因此就能達成願望。

「物不可窮也，故受之以未濟終焉」；即達成願望之後，是不可能永遠停留在這個點，所以最後上者必反下，即坎之水又來到了下面，因此形成未濟卦☲☵終焉。

序卦傳初始乾坤兩卦雖言先天，也是天地之定位，而最後的未濟終焉雖說後天，但先天的乾卦☰，

為後天的離卦☲，先天坤☷則為後天的坎☵，所以兩者還是回歸到原本的天地，即回歸到人類的生活過程，所以未濟卦終焉者，代表回歸到後天民生所必須的東西，離上坎下，坎水必須離火的陽能、光明才能孕育新生命。

火水未濟卦☲☵因透過火水的能量，才有生命的延續，且有火有水才能產生氧氣與氣流，火水未濟卦☲☵者，是水在下火在上，並非傳統觀念所言，火炎上水下流沒有交媾才為之未濟，實際上是火往上水往下時，才能讓太陽普照大地，而讓水產生水循環，以產生氧氣與氣流，使萬物有氧氣吸收而能生存，如此整個宇宙生命，才有辦法繼續再延續，所以最後的一個落點「**故受之以未濟終焉**」，是代表人類生活的必需品。

大自然的情性，是太陽照射海平面，產生庚辛兩氣的氣流，形成雲霧與一些風雨，而火風雨者是人類的必需品，所以火與水者，又代表無形的智慧與能量，火水也稱之為南北（天地），是代表無形的思維，因此可以買空賣空，所以八字水火很旺之人，很適合買空賣空，即做網路或無店鋪行銷，八字金木比較旺者（金木為東西二向），就適合做有店鋪的行銷，而

水火之買空賣空，所賣的是智慧是無形商品，金木則是有形商品，即是我看得到的東西，所以未濟終焉，是代表人類的生命，是一直的在延續，而非真正的未濟終了，而是沒有停止。

　　序卦傳上經由乾坤起，止坎離計 30 卦，下經由咸恆起，終未濟計 34 卦，表象上下經相差 4 卦，但實際上其能量是相同的，因為上經有乾▤▤、坤▤▤、離▤▤、坎▤▤、澤風大過▤▤、山雷頤卦▤▤等六卦，其綜卦（覆卦）是相同的，餘 24 卦其綜卦則不同，如水雷屯卦▤▤其綜卦為山水蒙卦▤▤，所以上經 30 卦有六卦互綜不變，其他的 24 卦則是互為綜卦，所以此 24 卦實際上，只由 12 卦組成，將 12 卦加上互綜不變的 6 卦，合計為 18 卦，故上經雖是 30 卦，但只是由 18 個卦所組成。

　　下經有風澤中孚▤▤與雷山小過▤▤二卦，其綜卦（覆卦）相同不變，餘 32 卦其綜卦則不同，如咸卦▤▤其綜卦為雷風恒卦▤▤，所以下經 34 卦有二卦互綜不變，其他的 32 卦則是互為綜卦，即 32 卦實際上由 16 卦組成，將 16 卦加上互綜不變的 2 卦，總共也是 18 個月，故下經雖是 34 卦但也是由 18 個卦組成，由此可知上下經，都是由 18 個卦組成，故說

上下經的能量是相同的。

　　上、下者代表天地,所以其還是在言天地平衡,清者上升,濁著下降,所以在序卦傳排列組合上,上經 30 卦感覺較少較清,所以是上升的是為天,下經 34 卦感覺較多較濁,所以是下降是為地,因此就形成上下,但上經的 30 卦與下經的 34 卦,還是產生水火既濟的能量,以 30 而言 0 為癸水,而 34 的 4 為丁火,0 與 4 兩者又再一次的產生水的循環,水往下火往上又產生一個既濟之象,34 是丙火加丁火,是丙所照射的能量,因此可以產生水火既濟,從既濟變成未濟,也是在言水火的交媾,也是在言萬物生命的泉源,所以上經 30 卦與下經的 34 卦,是有其暗藏的密碼。

　　上經 29 卦坎、30 卦離卦是水火,下經第 34 卦未濟是為火水,上下經之終都是山川河水脈脈相連,於人為血、脈脈相傳的傳承,生命之延續,文化之流傳,生生不息的天地之道。

宇宙間的符號（易經四）第十四講(2016/12/14)

一、問題與解說。

（一）在國曆106年1月4日至10日之間，如要剖
　　　腹生產那應擇何日何時為佳？

　　　國曆106年1月4日至10日，換算為干支是丙
申年、庚子月、辛卯日以及辛丑月的壬辰、癸巳、甲
午、乙未、丙申、丁酉等日，以老師個人擇日方法，
認為以丙申年、庚子月、壬辰日、乙巳時最佳，（國
曆106年1月4日至10日之間，於5日午時11時
56分交小寒節氣，故5日午時11時56分以前屬庚
子月，以後則屬辛丑月，請參考老師所著萬年曆22
頁地支十神表，及237頁陽曆陰曆與干支十二月份對
照表）。

時　日　月　年

乙　壬　庚　丙

巳　辰　子　申

　　　然而此時辰在傳統擇日之觀念，認為丙申是屬
偏財、庚子為偏印、壬辰為偏官，乙巳為傷官，全都
是屬於偏星，且傷官會剋官，因此會認為不佳，所以
比較不認同，但老師個人看法，認為此段日子之中，
也只有此一時辰最佳，雖然傷官會剋官，但此八字並

無正官（壬之正官為己），所以並無剋官之情形，在八字中沒有對應之星時，就會以夫妻宮來論他的星（日主之柱即是夫妻宮，天干代表自己，地支則代表配偶），所以日主天干壬為丈夫，而地支辰就代表妻；如此若天干壬為妻子，而地支辰就代表為夫，辰同時也是代表水庫，因此所有的水最後都會入澤，也就此八字中申子辰，引來的狂風（申）及大量的雨水（子），最後都會入於澤（辰），因此可以代表夫妻感情穩定，且乙木、庚金也都會依附於辰，所以不管是男命或女命，用此八字都是不錯的。

上項是老師認為不錯的八字，但在傳統學術，則是比較不認同，因傳統學術喜歡用正官、正印，而不能有傷官、劫財，其認為劫財會劫走感情，傷官會剋官，且壬辰在傳統上也是魁罡，因此他們就會認為是不好的，然而此八字並無正官，故無正官被剋情形，因此會以夫妻宮的辰，來論其婚姻與感情，辰者是可以聚集，所有的能量，而且擇此八字時，其長輩（父母、祖父母）亦能給予福德與財產。

而傳統學術不認同原因，在於傳統擇日並不看，天干、地支組合之後的十神，且也而不去瞭解劫財、偏印、傷官，是那個天干或那個地支組合而成，傳統

上只要看到有劫財、偏印、傷官，就是認為不好，譬如壬遇到甲木是為食神，因此把乙木改為甲木時，在理論中庚金就會劈甲木，而且天干全陽，或許就會說那就另擇他日，然而其他的日子，並沒有有優於此日的，最重要是因為設定的範圍，是從辛卯日至丁酉日之間的七日。

　　在這些日子中各有各的缺失，如辛卯日，辛卯木被辛金所剋，子月的寒冬會破壞卯；若用癸巳日，則後面的時辰就不好搭配，如要配父母的正官，如此癸會為戊午所吸收，成為什麼事都要聽從丈夫，因此其會有被設限情形，癸遇戊為正官，而戊沒有辦法約束癸；但如果是戊午時，那就不一樣了，因當戊本遇到午，代表戊是有溫度，而且是從巳午開始，其能量是一直在增加，如此癸就會被戊來吸收，所以如用癸巳、戊午，癸就會產生任何事情，會被丈夫所限制，而且工作上也有被約束感覺，因此讓他沒有彈性沒有自由。

　　用壬辰時代表所有的機會，都會融入於辰，即工作、婚姻、感情，或家庭事物都可以掌控自如，可以自由自在且機會會很多；甲午者因今年是丙申年，丙會驅動申來破壞甲；乙未者本身在辛丑月，如此乙會

有被受限的感覺，而再來的丙申又與丙申年重復，如此又會產生伏吟現象，而伏吟者是代表爭，因此就會有爭的情形發生，即會有爭感情、事業與錢財的現象，如果是丁酉因為來源是丙申，如此丁酉的能量又會被其所剝奪，如果再晚一天的戊戌，又可能已經來不及了，就以戊戌而言也是沒有辦法掌握感情、金錢，因為水會往外流，所以在就些日子當中，還是以壬辰日最好，此日能把所有的能源都加以集中，聚集在辰庫裏。

　　然而在傳統對八字十神的解讀，認為傷官、劫財、偏印、七殺就是不好，而正印、食神、正官為好，譬如壬遇到甲是為食神認為是不錯，但是壬水困甲木，而且丙申來劈甲木，如此反而不是那麼的好。如果不採用這個時辰，那就隨著醫生依情況，所建議應處理的時間為依歸了。

（二）同八字之龍鳳胎，應該如何論斷？

　　同一個八字並沒有辦法看出他是雙胞胎，但只要知道他是雙胞胎，就可知道如何來論斷，不論男女那一個為長，都是以原八字代表長上，以上述所擇日期而言，都會以壬為長，那另外一個異性弟妹會設定為癸（即庚子的子為劫財），就是說同一個八字，並不

知他有幾個兄弟姊妹，但當知道之後，就可以從幾個兄弟姊妹間，論斷每一個人彼此間情形為何，如果是同姓別，因日主為壬辰，而申中藏有壬，壬長生在申，所以一個就會以壬做代表，一個就會以申中的壬來做代表。

如果八字中沒有比肩劫財，並不代表就沒有比肩劫財，在前一講中曾述及，八字中沒有正印，並不代表就是沒有母親，因為沒有母親，那又何來自己呢？所以就須從父母宮位找，若以日主壬辰為女命，那其父親是丁（正財為父親，偏印為母親），所以其母為庚，從庚的角度遇到丁，是為正官與正財的夫妻關係，但在此八字之中並沒有丁，所以就以父母宮位來論父親。

傳統上用八字排大運的邏輯，會先設定男命與女命屬性，然後再以年干來設定其大運的順逆，如果命為男，年干也為陽時，是陽對陽，所以大運為順，如果命為女，而年干是陽，就形成這一陰一陽，那所排的大運就為逆，如果是男生，而年干為陰，其大運的排列還是逆，但在傳統學術上，八字宮位的設定，不再分男女，這就是其瑕疵之所在，即當宮位為陰時（女），就必須將所有的宮位改為陰（女），也就是須

隨著陰陽變化，而改變其宮位設定，但傳統上切都不採用，不知其是有意或無意，也許是他們也不知應該如此來用。

（三）姓名學大綱架構概說

假如姓名用動物象論，就必須全部以動物象來論，即名字有動物象出現，才可以用動物象論，即在姓名格局或文字當中，出現了動物象，那就用動物象來論。

譬如名字中有「狗」字，那就可以用此動物性格或生肖，來與他產生比對，以狗而言當其看到此牠還小，而且會動的東西，就會窮追不停，由這個屬性就可論此人，看到了任何人事都會不滿意，就會想要反擊，在其想法次中會認為，別人所學的都不如他，因此動不動就要與人爭鬥，這就是動物象的分析與論斷方式，但如沒有取動物象，就不能以此來論斷，就如手機設定，就是只有二個按鈕而已，一個就是選擇，一個就是確定，也就是當選擇為動物象時，就用動物來論，所用非動物時象時，是不可以用比擬方式為之。

譬如取丑字之字根者，是不可用牛的屬性來論，因為他是丑不是牛，也就是雞蛋並不等於雞，但雞是從雞蛋演化而來，如亥水本氣為壬，但壬不等於亥

水，因為亥本身是代表暗、冷、髒，但壬水不一定是暗、冷、髒，壬水必須配合地支，才能決定此字的能量與屬性。

如表現在壬辰則是代表春天的水，而春天的水是可以育木，可以用來灌溉其好處是優於壬戌，同樣是壬但因地支不同，就會影響到壬的能量之多寡及其吉凶，因單獨言壬時他是天干的陽氣，是一種行動力及陽剛之氣，故當壬水遇申時，就會形成有破壞、侵伐、殺傷力的乾剛之性，但遇辰代表壬水被收藏，是有被困住的坤柔之象，其象為水澤節，所以地支是決定天干的能量。

又如與家中長輩對話，就比較中規中矩，但在外面對朋友時，就比較會開玩笑，所以當設定在某一區塊時，那麼此時的心態、言辭就會完全改變，譬如屬蛇，蛇為巳，而巳在大自然取象是為太陽，太陽從表象看是圓的，是沒有腳，但其速度很快，因此聯想其與蛇屬性有所雷同，故取動物象時就會把巳設定為蛇，因為蛇沒有腳，但他的速度很快，就如同太陽一樣，是沒有人可以追得上，巳的動物象雖為蛇，但蛇不等於巳，巳也不等於蛇。

如是巳年生，生肖屬蛇，而名字取了龍字，因名字取了「龍」字，名字有動物，所以是以動物象來論，因此其就有小蛇成為大龍之象，如果是巳年生，取了辰字，則是太陽落陷。因為辰是太陽照不到的死角，也稱之為永夜，太陽與黃道面是傾斜 23 度半，所以在地球南極與北極，就形成永晝與永夜情形（辰戌之位），所以取龍者是取了動物象，就有辦法由小蛇變成大龍，如果取了辰字，雖其可代表龍，但他不是龍（辰代表龍是因用地支，代表十二生肖才有此意），所以不能以龍來論。

辰有龍的魅力，辰可以收藏所有的東西，它也是高山聚集，而形成的水庫，其也能聚集雲霧，是深不可測，且變化多端，其氣流一動，就如龍之翻騰攪動，但事實上是雲霧遇氣流，而展現出來的現象，所以用辰代表龍的性，辰的動物象雖代表龍，但辰亦非龍，而是要真正取龍字之人，才是真正的龍，才能以動物性來論。

如姓「龍」名「順」，代表此龍在三條河流之上騰雲駕霧，故其想法有天馬行空現象，是沒有辦法加以掌控的，所以其想法為何，我們是永遠不瞭解，如果龍後的名字為蛇那就好辦了，如此就也不會有好高

驚遠，天馬行空的現象，因龍之後為蛇，是由大龍變成小蛇，如此處事上就有畏縮情形，即原本的龍是天馬行空，理想很高，到最後切是畏縮了，但「龍」字後為順，就代表速度很快，且有三條道路在通行，所以是沒有辦法捉摸，是具有高智慧與高理想，所以無法加以掌控。

姓名中的姓是父母給予的，而名字是父母的期待值，所以姓代表人物時，是為長輩上司及階級比自己高的，階級與自己相同的，就用名一，即第二個字來代表，階級比自己小就用名二，即第三個字來代表，以龍蛇名字而言，代表他看到長輩時，長輩就成為他的龍，而本身就成為蛇，所以當用名字來定位時，姓指周遭階級比他高的人事地物，而名一則是代表其個人，所以姓龍名蛇，代表他會想跟周遭的人學習，在其感覺上認為周遭的人，階級都是比他高，而且也都比他屬害，其為了脫穎而出，就會向他們學習期可成龍。

所以說論字就以字論，論象就用象論，用動物，就用動物論，用大自然的習性，就用大自然習性論。但傳統姓名學，有時並非如此論斷，所以在論斷時就會產生迷失，以老師個人而言，都會是用大自然的情

境來論，畢境名字以動物為名者，還是少之又少。其實只要把《易經》，或天干地支邏輯概念熟稔，就可以瞭解所有的象，都不會脫離這兩者的範疇，到最後也不會自己打臉自己。

二、雜卦傳

　　「雜卦傳」的卦序，與「序卦傳」的卦序，是完全不同，他又打破了大自然傳統的邏輯思維，是重新另外的一種組合，前言「序卦傳」上經代表天道，由天道走到人道；所謂天道者，是代表大自然運行的邏輯道理，而下經者是代表人道的七情六慾，由人道返回天道；「雜卦傳」除重新整合「序卦傳」邏輯外，同時也將其不足部分，再加以組合編排，以「雜卦傳」而言，是比較強調後天的人事關係。

　　「序卦傳」上經為 30 卦，下經 34 卦，「雜卦傳」次編排也具有相同方式，「序卦傳」由乾坤定位開始，而「雜卦傳」亦伊始於乾剛坤柔，「序卦傳」下經是咸恒繼之，「雜卦傳」也是由咸恒為繼，兩者乾坤與咸恒之定位不變，唯兩者當中，「雜卦傳」再依人事地物組合關係，重新做不同的編排。「雜卦傳」又可稱之為「微言大義」，可以說是一字一文章，而且其涵義也相當的深奧，外表看似比較簡單，但實際上是

較困難的，因為字越少，其意境越高，所以才說是「微言大義」。

「乾剛、坤柔」者，可以代表陰陽、強弱，以及生滅的道理，非只有剛柔之屬性，生者，是陽六爻全陽，代表陽含有陽氣、生發之氣；滅者，因坤是全為六陰爻，代表柔靜，代表有收納之氣，所乾代表生、代表始，坤代表滅、代表終，兩者也是一直在輪迴，乾是由上而下，坤是由下而上，所以其屬性是陰陽順逆之道。

又如坤卦的初爻履霜堅冰至，是從子變成丑，所以是由下而上，而戌乾亥位是天門，也代表乾卦初爻，所以乾卦是由上而下，因此二者自然就產生陰陽交媾；乾也代表白天，而坤則為晚上，乾是事情開始，坤則是事件終止，所以「乾剛、坤柔」，可以代表事物的生與滅，是從有變成無，又從無變成有，世間道理何嘗不是如此。

「乾剛、坤柔」言萬物的生滅，而**「比樂、師憂」**則是人情事故之生滅，在高興時就結合為友，此即比樂之意，當利益有所衝突，兩者爭強分離，又變成師憂，所以兩者情性的起伏變化，春秋戰國稱比為「衣

裳之會」，師憂則為「兵車之會」，世間人事地物，往往是反反覆覆，是完全無法定位的，所以才有「乾剛坤柔、比樂師憂」。

「**比樂師憂**」，比者代表水地比卦 ䷇，師者是相互北道(背道)的地水師卦 ䷆，有時會認為比是同心結黨、志同道合，因此較師卦的北(背、剝)之相背為佳，坤坎二卦先後天同在北方，所以師、比二卦，是在同一宮位，是上下交易之變化，其架構同屬於此一宮位，在比之時，如果思維有誤，且一意孤行，就可能造成全軍覆沒，而師卦北者(背、剝)切是兩者分別冷靜思考，要瞭解師出有名，才能獲得認同，師出有名之意即有水之時，就必須要有火的能量才能得到認同。

故八字為地水師卦 ䷆ 者(己亥)，如果沒有火的情性(火有名及明代表認同之意)，那做任何事情他人是比較不認同，因為是師出無名；北者雖是二者背道而行，但有時觀念想法不同，並不代表就是不好，其實彼此能冷靜思考，互為牽制反而有生存空間，快樂而忘我危機就會到來，故背道而行知憂並非完全不好，所以二者之好與壞，完全須視其當下的思維與做為。

「**臨觀之義或與或求**」，臨與觀是一體兩面的，其意代表臨者，有時是給予，有時是有所要求；臨者是親臨之意，觀者是站於高處或旁邊觀察，故臨者是局內之人，觀者為局外者，所以當親自蒞臨時，有時是給予福利，但有時是要求對方給予東西，所以臨觀者有同時給與或要求之意，故非臨就是給予，而觀就是要求。觀如同用牲禮祭祀，祈求諸神護佑事業順利、身體平安，然所求的並不一定可以獲得，這就是或與或求的現象。

「**屯見而不失其居**」，可將之比喻為，乾卦初爻的潛龍勿用，屯見是指剛剛要有所作為，是處於潛龍勿用之時，但並沒失去自己的地位，在時機未到之時，就默默耕耘，如此可保有自己的地位，等到時機一到，變成九五的飛龍在天。

「**蒙雜而著**」，蒙乃啟蒙教育之謂，童小之時對所有事物，均須加以學習，且孩童時刻記憶最佳，唯理解力較差，故「**蒙雜而著**」，代表孩童時學習很多東西，並將事物注入於腦海之中，其意是山水蒙☶☵之水可以儲存火的能量及這些事物。

「**震，起也，艮，止也**」，後天艮到了東北丑艮

寅方位，震東方之甲卯乙方位，是為艮止也是震起之地，即成始成終。震 ☳ 之五行屬木，為寅之起、木之始，艮 ☶ 為萬物之終，震艮之組合為根（震為木，木加艮為根字），代表木之根，須扎在艮土之上，才能穩定根基，震木 ☳ 如果沒有艮土的止，那麼就沒有辦法扎根，如無震 ☳ 起的力量，木沒有陽能，同樣無法向下扎根。

艮土可讓震木根基穩固，震 ☳ 木是要有力量才能由上往下，也由一陽在下而往上的反生，所以震起艮止之組合，代表有穩定的根基，震之起是起於陽爻的能量，其可往上延伸且能向下扎根，艮止者是指讓震卦穩定，所以兩者必須緊密結合，若單獨艮遇水就容易產生土石流，單獨的震則無穩定的根基，所以各自為之時，則彼此都是很危險。

「**損、益，盛衰之始也**」，山澤損卦 ䷨ 者並非不好，因損有時可以遠害，可能是盛之開始；而風雷益卦 ䷩ 有可能是衰之開始，且害隨之而來，所以在損、益之間，沒有辦法衡量當下是損或益，是盛或衰，故損益二者，是同時具備了這種屬性，在損之時雖然有所損失，但可能因為有損失，而可獲得生機；而獲得利益之時，並不代表永遠有利益，有可能是暗藏了

危機，故益可能暗藏危機，成了衰之始；而損則藏了機會，成了盛之始。

「**大畜，時也**」，大畜者，是在西北戌乾亥之方位，此處是先天艮卦與後天乾卦之位，故言「**大畜，時也**」，代表其是透過時間，慢慢累積而成，大畜有滿山黃金之象，「**時者**」，是上天給予的福報，故有前世累積而來的福份之意，因此是由時間與天所給予，故古德言「大富由天，小富由儉」人定絕對無法勝天，只有「自天祐之」，自己愛自己，上天才會保佑給其機會，「吉无不利」。

「**无妄，災也**」，天雷无妄☰☳；无妄者，代表沒有其他的想法，但非因沒有其他的想法而成災，反而是有太多的想法而引來災害，就如時機未到，且非自己所有而強行想要，如此就會引來危機與災害，因非自己所有而強要即為不義，故无妄者言，沒有其他的想法，只要依著天意就可以獲得好處，若有其他的想法且想要快速獲得，那麼很容易引起災害，故言「**无妄，災也**」。

災字者上面是彎曲，代表不符合天道且想要快速獲得，因此就會引起災害，「災也」有想法已經歪斜

偏離主體,所以才會成「災」,「順」是順者天理,故有其他想法就容易引起災禍,所以无妄者是要人沒有其他的想法,順者天道、天理,自然而然天會給予好處,該給的天自然會給,所以只要順著四時,順著自然,不強求之,天自然會加倍給予,此即**「无妄,災也」**之意。

　　「萃聚,而升不來也」,萃聚與地澤臨兩者,是有所不同的,萃上之艸代表草叢,而下之卒是代表小人物,所以澤地萃卦██ ██ 者是低層者之聚,因此是代表人民百姓的聚集,而地澤臨的臨,是屬於領導階級的聚集,就如鄉間人們晚上聚集廟口,閒話家常即有「萃」之意,所以萃卦卦辭言:「萃:亨。王假有廟,利見大人,亨,利貞。用大牲吉,利有攸往。」因此萃卦與祭祀廟宇是有絕對的關係,萃卦之干支為辛未,其有死亡之士兵,依附在花草之上意思,即代表澤地萃██ ██ 有重新播種之象。

　　「萃聚」:也就是將眾多的種子(澤金██),播灑於土地(坤土██)之上,但並不代表每粒種子,都可以萌芽破土而出,所以辛未這一柱,辛金在高溫之上時,是比較沒有辦法掌控的人情事故,所以辛未之人對於人情事故,是沒有辦法加以掌控,因為底下是高溫,

而辛金是雲霧，所以是無法掌控印星的未，即代表無法掌控家庭人情事故，但辛未的女命很珍惜老公，因為辛金的丈夫屬火，而未本身是高溫亦屬火，而高溫容易把辛金雲消霧散，故說為了家庭（印星）願意付出。

　　辛未的男命，就比較享受，因男命的妻星為木，而木在未土之上，可以快速成長，所以言辛未的男命是比較辛福的。娶辛未的女命為妻則是不錯，因太太願意為丈夫辛苦付出，但嫁辛未者因其比較挑剔，所以是不容易侍候，雖同為辛未，但因男女不同，因此架構也隨著不同。

　　「而升不來也」，代表木從播種開始，然後破土而出，開始往上成長，因此土中已有乙木與震木在成長，而木在成長之後就沒有辦法，回復到以往的面貌，這就是「升不來也」的原因，即開始成長之後，無法回復到以前的面貌。

　　「雜卦傳」之運用於卜卦，是可以增快解卦的速度，如震起艮止，當卜到的第一張牌是艮，第二張牌是震，即第一張為主體，第二張牌為客體，代表所有的事情，到了我這裡就會停止下來，因此震木會因我

319

而起，且所有的事物也會到此而止，其象代表震木會依附在艮土之上，二者組合成山雷頤卦䷚，頤卦之上互卦為坤卦，因此有樹木扎根於土壤之中的象，而其屬性是所有的事物會歸我所有，反之第一張牌是震，第二張牌是艮，如此是將樹栽植於他人之土，代表權力事物會止在他人身上。

「臨、觀之義或與或求」，臨、觀此二卦卦爻兩兩組合為一爻，就有大震（地澤臨卦䷒）與大艮（風地觀䷓卦）之象，地澤臨主體震☳在於自己，代表是由自己行動，所以說是親自參與，而會親自參與的原因，是來自於本身有行動力，而觀者是立於外部觀看，是旁觀者，他是大艮☶之象，所以觀者是立於旁非親身蒞臨，至於何者是付出何者是獲得，是要看當下的環境而定。

當然地澤臨卦䷒，可以當成是土地與沼澤關係，因坎卦後天在北方是在最低下，因此容易聚集雜質，所以將之當成鹹水，兌卦是在上面故是為淡水，地澤臨卦䷒之所以會臨，其原因是土地旁邊有沼澤聚集，而其旁又有土堤，而臨卦下互卦（二三四爻）為震卦，代表有花草樹木，有沼澤之水故樹木能延續成長，故有「或與或求」之象。

　　困卦者是先天坎與後天兌的組合，因二者同在西方之位，所以兌坎二者是處於較高之處，因此其水是比較清潔乾淨，且困者是水果中聚集了很多的水分，讓果實甜美讓人喜悅，且其也有大富人家之象，這就是其為困之原因。

　　但後天的坎，就會變成髒、暗的東西，所以地水師卦▤▤與水地比卦▤▤，在比卦的狀態之下，也暗藏了師卦的情性，兩者之所以會與對方結盟，是因怕被對方攻擊，當然也有想要瞭解對方，然後有一天可以加以侵犯，因此此屬性就含有侵伐與偷襲之意，即想借由合作來達到侵犯目的，但同時也借由侵犯手段，強制對方與自己為友，這就是地水師與水地比的情性，也就是因為坎水是髒、暗的才有此種思維，所以卜卦解卦之時，運用雜卦傳簡單的辭句，就可很快的針對卦象做大略的概說。

宇宙間的符號(易經三)第十五講(2016/12/21)

一、問題與解說

（一）巽宅命格之人，床位怎麼擺？財位又在何方？

房屋平面圖及原床位擺設如下圖：

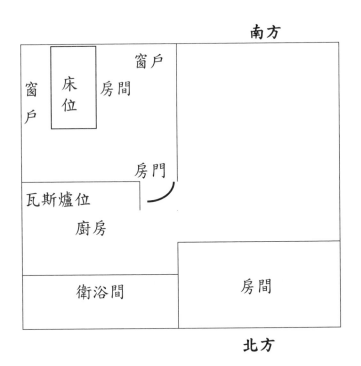

一般床位的擺設原則，是在進門後不要背離門口，至於所提問床位擺設與瓦斯爐是一牆之隔，且睡覺時頭是朝向瓦斯爐是否可行，以老師個人看法還是建議將床位移靠南方，睡覺時頭向南方牆壁，腳則朝

瓦斯爐這邊，但位置須避開窗戶的位置，因為頭部如
在窗戶之下，當天氣冷熱交換之時，就很容易受涼，
而引起風寒之病；此目的在遠離廚灶，避免在使用瓦
斯爐時產生溫度，而使睡於此處之人，發生躁熱煩惱
與煩悶不安的情形。另外巽卦者亦喜歡火的能量，因
此頭朝南方，亦無背離東四命的格局，原位置雖是伏
位，但與瓦斯爐為鄰，因此不是很理想，所以還是移
向靠南方之牆壁為宜。

　　至於財位在何處，以巽卦命而言，南方之火的能
量可以讓木成長，因此住於此處，代表所追求目標與
願望是可以達到的，木在南邊獲得丙火能量，如此就
能有所成長，此象是為風火家人卦，當上為木下為火
時，又是為雷火豐卦，故火會來讓木成長，是火來生
木，因此南邊也可代表是其財位，要知道財位者，並
不一定要明顯的，或看到正財或偏財的財星，只要是
可以協助我們，讓我們的能量可以成長，及有加分作
用的都是，如此當要求財、求工作或是在事業上都會
很順遂，這就是財位之屬性。

（二）擇於丙申年、庚子月、己卯日、己巳時、庚午
　　　分，要與人洽談合解事宜，如此是否可成？
　　　（本案原想要和解時間是，丙申年、庚子月、

丁丑日、甲辰時、乙亥分）。

```
分  時  日  月  年
庚  己  己  庚  丙
午  巳  卯  子  申
```

　　一般而言在取卦之時有二種情況，其一為當下起心動念的時間，其二則是預定要執行的時間，所以起心動念與執行時間之關係卦象，可以說是從開始，然後是過程，接著是結果之狀況，依上述時間是否可以達成和解共識？

　　日主己卯遇到巳，因己與卯都喜歡巳，而己本身也喜歡庚午，何以說其喜歡庚午呢？因午是己的祿位、食傷，論卦象是為地天泰卦與地火明夷卦，一般認為明夷卦是將太陽收藏，因此感覺上認為不佳，但此處是自己把太陽收藏，因此代表可以馴服，所以和解之事，可達到自己心願，故卦象所顯示的和解是非常順利。

　　另外一個重點是在強調官印相生，而此處的官或印都可代表保險公司，此處屬性第一他是卯非寅，如為寅則申會來劈，代表對方會要求很多，然而為卯就

成乙庚合，而乙庚合代表彼此達到共識，在乙庚合而言，也期待辛金的出現，在這組時間架構中未有傷害到本身的己卯，故十點整洽談之事是可達到共識的，且所有的事情，亦可透過官印相生，來幫其處理完成（即透過保險公司或法律），故如只有財損則可全由保險公司處理，若有人員受傷，基於人情義理，加少許慰問金也是可行的。

　　以整個卦象而言，保險公司本身就能圓滿處理，且己的祿在分柱的庚午，所以午火祿也代表內心是有主宰，故在事情處理上是有一定的主見，所以由當下的起心動念，亥則會破壞辰，且也會讓丁的能量往下滑，所以在起心動念上，認為對方一定會要求得更多，即會誤認有重大的財損，及對方也會不輕易的就這樣解決，但實際上並非如此，由卦象而言是能圓滿解決。所以取卦是用起心動念之時卦象，或是用與對方洽談的時間作為結果論，完全是可用當下的想法時間來取象。

（三）以當令之年干支的刑沖會合之現象，是否就會對該年運勢產生有利或不利狀況，譬如本年為丙申，因是火驅動庚金，因此就有大氣流產生，所以就比較會發生較大的暴風雨等事故？

一般而言都會認為，當令之年干支彼此間的刑沖會合，會與該年的天災地變有密切關係，但實際就整體的統計數字，並無明顯的差異性，可以說每年都是差不多的，何以會認為有所不同呢？原因都在於對事故發生的對號入座，或是某種事故發生，與自己比較貼近，因此在感受上就特別深，譬如今年元會運世的年卦為震卦，所以台南才會發生0206的大地震，其實這是一種穿鑿附會的現象，依統計世界上每年都有大地震產生。今年並沒有比較多，唯一是比較貼近於我們生活周遭，因此比較有感而已。

以年干支而言今年天干丙火、地支申金，組合為丙申，則是一個好的組合，如果論為火剋金，如此則是代表是地球毀滅了，事實上他是丙火驅動申金，二者所組成者是為火天大有卦☲☰，代表只要能夠有所付出，就能獲得所要追求的利益，但唯一情形就是，比較沒有辦法靜下來，因為丙也是地支的巳是為驛馬之星，而申本身也是驛馬之星（寅申巳亥四者為驛馬之星），所以在今年想要放鬆休息是較為困難的，是本身的火來剋金，是我剋者為財，所以此火剋金是好的，代表本身有追求的慾望，且有想要佔有與掌控，反之如是被剋，那就代表是被掌控與佔有，那如此就比較不好。

卜物事如與本身無關，而是周遭他人之事物（如某某人會如何，台灣政經事物為何），那只是代表自己所想，以及其設定事物而已，故是不會準確的。簡便的說那也只是個人看法罷了，但每年的天干地支之組合，那就代表全世界共同的年運，是會比卜所謂的國運卦來得更準，因所卜的年卦，那只是自己本身的自由心證，而非真正當年所代表事由的符號，就如今年是丙申年，那就是民國105年的運勢，而明年的丁酉年，與今年的丙申年的架構又是不同。

在丙申年代表只要想要且願意付出勞力，那就可以獲得想要的利益，而明年的丁酉年雖一樣是火來剋金，但他是丁來剋酉，而丁剋酉是有毀滅之意，即有可能是一種財富的重整，丙申年是火來驅動金，所以金沒有被毀滅，而丁剋酉是丁來毀滅金，所以代表財富的重整，故兩者的屬性是不同，所以明年與今年比，明年會比今年差，以老師個人認為今年並不太差，大家感覺上好像今年的事故特別的多，其實最大原因是資訊快速傳播，讓人對世界所發生重大事故感受加深，事實在整體統計上並無特別突出。

以壬申而言，是申讓壬勞碌奔波，所以壬要靜下來是不太可能，但丙申的勞碌奔波，是可以獲得想要

追求的利益，然而壬申則容易造成白忙一場，壬申所組成卦象為水天需卦，需者是代表等待，雖然可等待得到，但當等待得到之後，又可能讓自己隨波逐流，因申代表狂風暴雨，因而可能讓水產生氾濫，變成沒有主宰沒有受限，所以有時就會為所欲為，到了最後形成白忙一場，壬申雖也是驛馬星，但與丙申的驛馬星之屬性，是完全不同的架構，壬申中的申是壬的印星，此印星代表他想要穩定，但確沒有辦法穩定，因為其是水天需卦，是默默的在等待，而等待到最後是一無所有。

丙申就如前述是火來驅動申，雖忙碌奔波但只要願意付出，就可以獲得利益；在丁酉而言，丁火遇到酉金雖一樣是財星，但以十二長生訣丁長生在酉，因此他是靜態的，所以當自己擁有之後，是懂得犒賞自己，因此把酉金毀滅掉，即丁火自己享受，而把酉毀滅掉，在丙申則無此現象，而是會創造更多的財富，所以不管多好的流年，還是有人會有所虧損，而多不好的流年，還是有人會賺錢。綜上在申論上丁酉年時，是為火剋金，而丙申非火剋金，是火驅動金，所以兩者架構不同。

一般言申子辰為三合，所以申子二者亦有三合現

象,在子而言為靜態,而亥則是一種動態,所以子本身是安逸穩定的,但當子嫁給了申之後,為了家庭(子的印星為申為家庭)就閒不住了,原因在於申會產生狂風暴雨,讓子水由靜態變成動態,這就是申與子兩者的引動關係,所以刑沖會合害只是一種名稱而已,他並不代表真正的吉凶,如果要論吉凶,必須論其原有面貌的組合。

如申金遇辰土如此申金就由動態變成靜態,因為辰是由三個以上高山所構成,雖然辰、酉都代表沼澤水庫(辰巽巳之位為先天的兌卦,而酉位為後天的兌卦),但兩者相差甚多,一般都在論辰酉合,然八字有辰酉者,是一種資源回收,辰是由高山所形成的沼澤水庫,所以位在高處,而酉則是由平地會聚而成的沼澤,所以是位在低處,故辰可以自然而然形成水資源,而酉是由旁邊的水流進來的,因此就無法自然形成水資源,因此申之狂風遇到辰,自然就會靜下來,然而申與子就反之是由靜變為動,故說兩者的屬性架構不同。

而申金與酉金那又是一種不同的關係,申金可以在酉金之上自由自在的行動,所以兩者組成澤天夬卦
☱☰,而夬者決也,代表申可以把酉決掉,就如前述

壬申最後可能是白忙一場，但要其不動也是不可能，如日主是甲寅，而時柱是壬申者，如過了花甲之年以後，就不要再動（即有所投資），因再動壬申會讓甲木受損。

甲己為同一氣，所以壬申之前只有甲己，也就是甲己之後才有壬申，但如果是己之後的壬申，那在怎麼投資也不會受損，但會有非常忙碌的感覺，要知道有時白忙也不見得會損財，因有可能是把財產留給子女，但如是甲之後的壬申，除了忙碌外且會一無所有，因為壬申會把甲毀滅，單以壬申而言，是代表其具行動力，但此行動力，可能會讓甲受傷，所以如想擴大原則，只能在本業上延伸，且本身可管理或控制得到的為原則，若是再於其他地方另設，或是投資其他事業則是不可。

綜合上述用流年的干支來論國運（如今年丙申，明年丁酉），絕對比那些自認很有能力卜卦之人，所卜之國運卦會更為準確，但如由總統親卜那就另當別論，因總統代表整個國家，所以由其親卜那就會準確。譬如我們上課所在的美學館，由館長親卜明年本館的運勢，所卜出來之卦則是會準確的，但如由我們每一位同學分別代卜，那絕對是不會準確的，因為每

一位同學所卜之卦，絕對是不相同的，所以只能說是每位同學與美學館關係，及學習之後的結果論而已，故在卜卦之時第一要務，就是要把主客體定位清楚，如此卜出之卦才會準確。

二、雜卦傳

「謙輕而豫怠也」：謙者！地山謙卦䷎，卦象不一定要是上下之組合，亦可予以左右平鋪，因上下之組合比較不容易看出其結果論，而左右方式反而會更為清楚，以上下組合看謙卦之象，好像是土在山上，而左右則是一個為坤土一個為艮山，成一個為高一個為低，而低者是比較低調卑微，因為本身較為低調卑微，因此就能接受到高山所付予的能量，在高山而言他會產生雲霧而釋放水資源，且將水資源流向坤土，所以說只要本身低調（輕），且凡事有所遠慮思維，如此必會有所所獲。

「豫怠也」；豫者！乃雷地豫卦䷏，在干支為甲己合，己為甲的財星，當人獲得了錢財利益與感情，就有可能會產生懈怠，己代表所追求的利益、感情與財物，那又何以用怠來代表？因為他本身非艮山，或許同學會問其2爻、3爻、4爻成為艮卦，具有艮山之象，但也因有此艮卦才會產生怠，此艮讓其誤認有

穩定的根基,即是因表象而讓自己懈怠,但事實上此
一陽爻,只是地表上的硬土而已,並非真正的艮山,
然而此處之怠,除為本身之怠外,亦可利用此一法則
讓對手、競爭者產生懈怠。

「**噬嗑,食也。賁,无色也。**」:火雷噬嗑卦 ䷔,
象是太陽讓甲木茁壯,也就是讓甲木樹葉茂盛,當樹
葉茂盛之後,反而蒙蔽了樹幹,就如樹葉吃掉了樹幹。

「**噬嗑,食也**」,是因為中央有一陽爻,就如口
中有物,所以須緊閉嘴巴,此即是噬嗑食也之涵意。

故其有二義一為口中有物,須加予咀嚼而吞食,
另一為太陽讓甲木快速成長,造成樹葉遮蔽了樹幹,
如樹葉吃掉了樹幹,代表是付出了能量,而獲得了成
就感。

所以八字當中日屬火之人,有時必須先獲得成就
感,其才有辦法達到想要追求的利益,如一開始想要
追求利益,那可能比較容易造成損傷,因為火的本質
就是要育萬物,所以說須先有所付出而獲得成就感,
當有了成就感之後才能獲得利益。

「賁无色也」：是代表返回自己原來的本色，其象是高山之下有亮麗的東西，如投射燈投射物品一般，代表透過了亮度，將物品的每一個角度，都照射得非常完美，同時也可將缺點或瑕疵顯示出來，讓其返回最原本的面貌，所以無色者非沒有顏色，而是返回本性之色，即不要透過包裝而加以隱瞞之意。

「兌見而巽伏也」：兌之見其義有二，一者代表乾卦第二爻的「見龍在田」，其象如口打開而可以看見其內；其二為將美好之話呈現出來（因兌為少女故有美之意）。

「巽伏也」：巽之伏是往地底之下，而且巽滲透之力比坎水更甚，如寒冰的伏入，冬天突遇南風的吹拂，牆壁上滲出之水份，等都是巽之伏入，所以八字乙卯者，對家庭是很在意的。

「隨，无故也」：也就是隨著世俗、環境、季節，如此就會沒有過去的包袱，因此可以隨遇而安。故：就是過去的包袱。

「蠱則飭也」：蠱之象為皿上有三條虫，代表以公開方式加以食用，也是內部的腐敗已經透明化，因

此必須加以重新整飭、整頓。而山風蠱又有秋天移植樹木之象，因此會造成樹木長蟲，而長蟲之後就會造成內部腐壞，當發生了腐壞現象時就須重新處置，所以「蠱者」即代表重新整治之意。

譬如以山澤損卦☶☱問病症，一般會認為是胃有問題，因言艮☶者代表胃（坤為腹），但此卦若從不同角度，則是澤山咸卦之象，咸卦者有高山聚集雲霧，且山上也有很多果實（兌為果實），山上有果實代表山上有很多的樹木，而樹木在象上代表人之肝（甲膽乙肝故木代表肝膽），當木有東西依附時，代表了此人有肝腫瘤情形，所以說此人有肝腫瘤，而非腹胃有問題。

艮卦者除代表土外，在時序上是代表秋天，何以言艮可代表秋天，我們可由風山漸卦與山風蠱卦加以區別，二卦都具備了乙木與戊土組合，但最重要的是二者在時序上是不同，以風山漸卦☴☶之風而言，其時序是在春天，而山風蠱卦☶☴的艮之高山，其定位是在戌乾亥的戌，所以地支的卯戌合就類似了此象，故當主體在卯時，是代表在春天，因此樹木可以穩定成長，但在戌月的卯木就容易受傷，所以說兩者之別在於季節不同。

「**剝，爛也。復，反也**」：剝之爛是代表果實將重新再來，故他必須先行腐爛，因此當卜到剝卦之時代表不見（謙者主體在地，而剝者主體在高山），即唯一的陽爻將不見，但碩果不食而是將要重新再來，故當果實腐爛之後，其留下的是種子，因此爛代表重新佈局，所以剝卦者，代表拋棄以前舊有的包袱，然後重新佈局。

「**復，反也**」：代表拋棄之後，唯一的陽爻在地底之下重新返回，也就是重新破土而出，代表陽爻的生命重新成長，即拋棄舊有的包袱，就能夠再重新成長，故卜到復卦代表重新再來之意，所以在所有的長生都有「復卦」之意，如本日為冬至是為地雷復卦☷☳，也就是子月的一陽生，所以子在地支屬水，但此子亦可代表種子，而種子須重新播種，才能破土而出，所以其前之亥如加木則為核，代表是為果實之中的種子，當其墜下入地之後，經地雷復卦☷☳而重新成長，故說所有的長生都含有復卦之重新再開始之意。

譬如說日主為戊午女命，其正官（丈夫）為乙，而偏官為甲，傳統上認為有正官、七殺是為官殺混雜，但此命如甲不用或沒有出現任何的甲，同時也無

比肩劫財情形時，則其婚姻就有重新開始機會，雖然他有正官、正印，但是因為乙木又從新長生，也就是有地雷復卦▦▦▦的象，即有感情重新再來之象，原因是為本身從凸顯後又重新長生，但如此命時柱如為乙卯就不是了，因為不能論上有一個而下又有一個，反而是乙木成長茁壯而變成茂盛，代表丈夫的運勢如日中天，所以是感情穩定之象。

所以在論斷之時，不要被那些物象所迷失，因看得到的並不代表是真的。且要知道長生的力量是大於重復者，如上述日主為戊，而時乙、月為甲，傳統上為官殺混雜，但此非官殺混雜，反而是乙木與甲木結合，然後全部歸屬於戊土，並不強調乙木重新開始，而是強調其丈夫的格局變大。

「晉，晝也。明夷，誅也」：晉者是在強調白天，火地晉卦▦▦▦是由太陽與大地二者組成，所以丙己、丁己都有火地晉的象，但白天之後就成為晚上，所以晉後會變為明夷，一般人看到晉卦認為很好，而見明夷卦就會擔憂，但晉是晝是往暗而走，而明夷是暗往晝而走，所以丙日遇己之時辰是為己丑或己亥，如為己丑則為晉，而己亥者則為明夷，故在晚上卜到火地晉卦▦▦▦，也是代表明夷，因為太陽已下了山，因為

言晉晝也，但事實上是晚上所卜到的卦，所以晉也是變成明夷。

　　但當卜到了明夷卦，認為什麼都不見了是不好的，但如果是在白天卜到，尤期是在早上或巳時，代表是由明夷返回晉卦，所以卜卦的時序與季節都是很重要，卜卦只要是有太陽的都要考慮到時間，有言到生機的如風山漸卦與山風蠱卦，則須考慮到季節時序的時間點，這也就是最後的一個結果論，就如前講中所謂的動爻。

　　《序卦傳》：「**晉者，進也**」與「**漸者，進也**」，雖二者皆言進，但其意義是有所不同的，晉卦的進是代表太陽火的進，是為火能量的進，而漸卦的進則是代表成長的進，也就是進步的進，所以火地晉代表太陽火由地下升起，此一過程謂之進，如太陽火過了中午之後，就如類似明夷日漸西下，當進至戌位就正式進入了明夷，而明夷從寅開始就開始含有晉卦，故火地晉代表太陽火能量在上升，而風山漸卦▦▦代表木在成長，是生命的延續與進步，故兩者之「進」其意是不相同。

　　「**井通，而困相遇也**」：井字之構造即有，四通

八達，井然有序之象，且是相互串聯在一起，水風井卦䷯在干支上為癸卯之組合，是代表春天之水是可得大用，若八字有此組合之人，代表其思維及所學的東西，都可以串聯起來，如學習語言文字，則可學得多種語言，而井的串聯及四通八達，也代表在人情事故上，都能有所知悉。

「**而困相遇也**」：困指澤水困卦䷮，指水會進入沼澤，辰、酉二者都可代表兌卦的沼澤，當然坎卦亦有此象，一般言兌者大都是以酉為代表，但三者切是高低不同，能加以區分為三個層次，辰的兌卦是位在最高點，由高山聚集而成，然後酉的沼澤是傾向於平地的池塘，而亥子的坎則是一種坎陷，即是一種陷入之象，所以才謂之坎為險，兌為澤，以澤地萃卦䷬而言，就比較不在意於階級的聚集，所以說三者屬性完全不同，故先天兌卦與後天兌卦，二者是有高低之分，雖然言坎兌同宮，但二者亦有所不同。

再來兌者是平地之窪，而坎者在先天代表月亮，如先天的離言太陽出現方位，坎則是太陽下山的方位，也就是月亮出現的情境，所以用天干地支分析太陽月亮時，丁、辛、酉、壬皆可代表月亮，因言丁為月亮時是以丙代表太陽，而言壬乃指太陽下山的方位

是代表坎卦，而以辛酉為代表時是指每月月圓之意，所以說是透過各種不同文字，來銓敘其不同意識與概念，所以困的相遇是水入澤，因此彼此得以相遇。

在莊子大宗師篇中以「泉涸，魚相與處於陸，相呴以溼，相濡以沫，不如相忘於江湖。」來形容此卦。因為如其大象辭言「澤無水，困；君子以致命遂志」，前亦述及困者乃是將錢財隱藏起來，所以是有把水隱藏在地底之象，所以莊子才言澤將無水之時，魚才會相遇而相互吐沫來潤濕對方（相呴以溼），相濡以沫以求存，故與其要再遇到困境時才來互相打氣，不如大家彼此不要認識，在自己最適宜的地方，快樂生活（不如相忘於江湖），自由自在於江海大湖之中。

「咸，速也。恆，久也」：咸者其象是雲霧遇高山，且高山有辦法快速聚集雲霧，其象類似土生金，但其用則是戊土生辛金的屬性，因己土或艮土要生庚金則是很慢。

「恆，久也」；夫妻之道不可不久也，「故受之以恆」，恆者是由雷風構成，即大樹上有茂盛樹葉，代表此大樹有生命延續，可以常常久久，在東南方位為後天巽卦，其在言生命的延續，因由震而巽代表是生

命的延續，而先天的巽卦則言其修護能力，因為狂風暴雨之後導致枝葉折損，透過先天巽卦來做一個修護，所以甲配乙代表本身的體質與機能是很好的，故八字有甲寅之人，代表其身體比較健康，其修復與復元的能力比一般人更強快，也就是在八字結構之中，有甲寅者都是如此。

整體八字可以說是一個圓盤，平時大家都以不同角度來看事情，也就是依年、月、日、時不同點切入，即依用神為主體（當前所指之事，即稱之為用神），傳統八字找用神，就是在找五行的平衡點，但以老師而言，是指當事人講什麼，或是其希望什麼就是用神，因為每個人的思維喜好不同，這就是所謂的用神，如問健康那就是在找印星，所以印星就是其用神，簡單的說問事的主題即是用神，故解析上就是主題進入，然後再比對周遭的環境，所以八字排列組合在何處，並沒有太大的差別。

以上課而言，當同學認真聽講時，是處在年柱位置，而聽了之後有問題，而向老師提問時，則是處於月的位置，如果有人向你請教，而你能告訴他，則是處於日的位置，當下課之後如同學都聽不懂，而又能向同學解說，則是處於時的位置，所以年月日時，是

隨著當下的一個時間，又所處的空間而一直在轉動，並不固定在那一個點，會隨時因不同狀況而改變，如老師上課時是處在時的位置，當同學向老師提問時，老師就須傾聽然後思考解答，此時則是處在年柱位置，所以說是依狀況一直在交換，所以說八字是一個圓盤，故當用神進入之後，會隨著不同的點而產生吉凶交媾。

「渙，離也。節，止也」；渙的離，是言很容易離開原本的地方，風水渙卦 ䷺ 的巽卦類似無根之草，或是代表一艘船，飄流在大海之上，因此是比較沒有目標，所以「離字」代表巽木，可以隨著坎水隨波逐流，故代表其適應環境的能力很強，不論處於何處，都可隨遇而安，所以渙者雖是無根之草，但可隨著環境而改變。

「節，止也」，節之止代表因水太多，產生氾濫而進入沼澤之意，也就是讓思維、思緒、行動停止下來，才能確定目標，否則就會如渙卦一般沒有目標。

「解，緩也。蹇，難也」：解之緩是代表木在慢慢的成長，其干支組合為甲子，是大樹把水慢慢吸進來之象，有甲木吸取水份防止水患之意，但當其在扎根

生長之時，是慢慢的穩定成長，是透過時間慢慢累積能量而來，所以說解緩也。

「蹇，難也」：是代表冬天之水，因此有寒足之意，也就是要下山之時寸步難行，所以水山蹇卦䷦之難，代表須懂得危機的道理，在干支上類化壬戌的象，即水可由山之二側分流，故同時有不要把雞蛋，放在同一個藍子，而要有分擔風險的意識，即有兵分兩路的策略。

「睽，外也。家人，內也」：睽者是火澤睽卦䷥，其火在外，而火也沒有辦法固定在一個點之上，卦象之意代表外在所看到的人事地物，與內在所想一切的內外之分，也代表離火被外在的金錢、利益、感情所蒙蔽。

而「家人，內也」：則是代表火在內，此火也代表本身對於家庭之內的執行力，對家庭之內很用心很有愛，但此愛也有愛大眾之象，所以出生日有丙之人，其本身具有大愛，凡事須先成就他人之後，自己才會覺得有成就之感。

「否，泰反其類也」：否、泰兩卦其錯卦與綜卦

都是相同，所以言否、泰反其類也。否卦者是己土與申或庚的關係，而此二者也有地天泰之意，地天泰卦代表透過執行力完全的授權，讓屬下能完全發揮，而天地否者是一意孤行，沒有辦法先思考後再出發，因為己土為印星，但是沒有透過戊土來讓自己思考後再出發，即風行己土之上暢行無止之象。

「否，泰反其類也」與晉與明夷二者，在人生旅程上是具有相同之意，因二者都是在互相交媾，而且其中心之點的交界亦均在於午。

「大壯則止，遯則退也」：大壯卦是雷天大壯，雷代表樹木，故樹木生長到秋天之時，是成長到最大之時，因此停止了成長，大壯者具有甲申之象，即甲到申之時，甲就有辦法成為棟樑之才，所以止代表止了成長，也就是處事知適可而止，要不然申就很容易把甲劈掉。

「遯則退也」：遯在十二辟卦是為未月，所以到了遯卦之時，就須稍為停止，而做隱藏或休息，否則將會進入否卦的全盤皆沒，所以「大壯則止」之後就須懂得遯退，否則將會一無所有，因為申會產生狂風暴雨把木全部摧毀。

「**大有眾也**」：大有者代表大家都有，是普及每一個人都有。

「**同人，親也**」：同人是天火同人卦▬▬，而天與火是先後天同位，所以類似同一家人是同一屬性，所以言同人親也。

「**革，去故也**」：故是代表舊有，是言將舊有的東西加以去除，也就是火（離）把辛金（兌）過去不好的東西加以去除改變。

「**鼎，取新也**」：是代表一個新的開始，革者是將舊的去除，而鼎者是一個新的開始，二者就是去掉舊有的包袱，迎接新的開始。

「**小過，過也**」：是代表通過，或是小小的超越，是走到人位且超過了中線，小過者是雷山組合，所以是陽爻來到了中線，是超越超過了，而大過者則是大大的超越。

「**中孚，信也**」：信者！代表己之所言他人聽得進，也是己所言也會加以執行，因此代表兌為口為言語，是己所說的事項會加以完成，因此他人聽得進，

其象有口對口之象（上巽卦與下兌卦互對），代表彼此對話都是算數的，實際上亦有互相勉勵之象，因此呈現出一個信之意。

「**豐，多故也**」：代表會有如此好的成就，是因累積積了很多的經驗，所以其有很多的過去，故者！舊也，很以說過去有很豐富的經驗。

「**親寡，旅也**」：寡者代表沒有感情，當人至他方旅行之時，當旅遊結束後就會離開，因此不會在該處停留很久，所以火山旅卦☲☶代表太陽不會停留在一個點上，因此在感覺上是沒有什麼緣份的，故出生日為丙如遇戊，即有火山旅之象，代表彼此互動關係沒有那麼親近，如是丙日的戊戌時者，就會有為了工作，或因某種原因而勞碌奔波，因此沒有辦法停留在一個點，因火山旅卦☲☶主體是在火；猶如火澤睽卦☲☱的火是在外卦，所以言睽外也，即是有一種勞碌奔波的象，所以丙火遇戊土就是忙碌的象。

「**離上**」者是代表火向上延伸，「**而坎下也**」者代表水往下流，二者組合則為火水未濟卦☲☵，但實際是代表另一個生命的延續，即須火水有一段離開，才能有另一個生命的延續。

「**小畜，寡也**」：小畜者是風天小畜☴☰，是代

表庚金在卯木之上，而庚金代表高，而乙木則代表低，此象即是因一高一低，故乙木所接觸到的氣流不多，故稱之為寡，又巽為雞故小畜亦可言小的動物，而大畜者就可代表大的動物。

「履，不處也」：處者代表相處之意，不處代表不相處之意，履本身即有行動、執行或行走之意，故言不停留在一個點。

「需，不進也」：其原因在於需是會產生等待，而水天需卦是有庚金遇水則止現象，所以其行動力就會下降，水天需卦之覆卦是訟卦的不親也。

「訟，不親也」：天水訟卦之所以不親，即互相爭訟至最後都會成為冤家對頭，因此彼此之間最後都沒有了感情。

最後尚有大過、姤、漸、既濟、歸妹、未濟、夬等八個卦與易經證釋排列組合有所不同，前所述各卦非綜卦即為錯卦，而此八卦非依此方式排列，所以有部分學者認為是誤排，因此又把他排成錯與綜道理，但在就裏還是以分開方式來加以說明。

「大過，顛也」：顛者代表不論其覆綜，其卦象都是不變的，即覆綜都還是同屬性，然大過所諭者是

老夫取少妻，老婦嫁少男，故有合法不合理之意。

「姤，遇也，柔遇剛也」：其有不期而遇之意，風天小畜者之為寡是因一高一低，而姤卦是庚金主動來追求。

「漸，女歸待男行也」：代表女方在婚嫁之前，所進行各項禮儀（納采、問名、納吉、納徵、請期和親迎等六禮），其意在於事物須循序漸進，一切必須合乎於規則禮儀。

「頤，養正也」：在噬嗑卦是代表須加以咬食，頤卦則是戊土與震木，代表戊土在畜養震木，也就是在培養接班人。

「既濟，定也」：既濟者有壬午之象，其何以為定，是因壬水可以儲存火的溫度與能量。

「歸妹，女之終也」：歸妹卦是震卦與兌卦之組合，是甲木遇辛金之象，以六神法而言是兌女命的丈夫，以大自然而言，即果樹長到了可以長果實，因此有到了終點，而沒有辦法再回來之象。

「未濟，男之窮也」；未濟者有丙子之象（也有丙遇到己亥之象），丙可代表家中男主人，而子者代表暗，當丙遇暗水時會導致其能量不見，也就是家中

男主人之能力受到了限制,所以未濟言男之窮,但丙壬者就非男之窮,雖丙火同樣在上,但他還是有前述水火既濟之象是代表定。

「**夬決也,剛決柔也**」:夬卦是由兌金與庚金組成,有由兩塊玉形成之象,成為了「玨」說文解字:「玨,二玉相合為一玨。」同時亦有辛金如不自我保護,就很容易受到庚金的剔除,卦的本身五陽一陰,因此有剛決柔之意,故言剛決柔,君子道長,小人道憂也。

綜上此八個卦完全與其他各卦的錯綜相反,其來源由大過始而終於夬卦,在東坡易傳中亦加以調整(其卦序為大過卦配頤卦,姤卦配夬卦,漸卦配歸妹、既濟配未濟),而後之《易經證釋》又再加以重新排列,而現所用的是屬於朱熹《周易本義》版本,此外此八卦具有三項特殊現象。

其一他是八卦中陰陽四宮之八宮卦的組合,如大過卦為「震宮」遊魂卦,姤卦者是「乾宮」一世卦,漸卦是「艮宮」歸魂卦,頤卦是「巽宮」遊魂卦,既濟卦是「坎宮」的三世卦,雷澤歸妹卦為「兌宮」歸魂卦,未既卦為「離宮」三世卦,夬卦是「坤宮」五世卦,此八卦是由震開始,然後到坤的歸藏。

其二是符合先天八卦四隅位為用的順行，在先天八卦四正位為乾坤離坎，而四隅位為震巽艮兌，大過卦為兌巽組合，然後依續為天風姤、風山漸卦、山雷頤卦、然後跳過水火既濟與火水未濟，再為雷澤歸妹，澤天夬卦，剛好是其用的順行，而子線兩邊為水火既濟與火水未濟，此二卦是則涵蓋在大過與頤卦交媾，因此此二卦其大象似坎離，所以說是先天四隅位為用的順行。

其三又符合了六爻的環互（初一二三四爻之環互）。如澤風大過卦與山雷頤卦在交媾之後，又成為水火既濟卦與火水未濟卦，整體而言由乾坤伊始，經離坎入未濟既濟又返天地之初，故其排序是有其意義，且有其邏輯思維，故是不可加以改變的。

將難經變為易經的課程，即將邁入第三年，這二年來四期共 64 堂課的時間，蕭錫淵大哥每堂課，都辛苦的付出 18 個小時以上的時間、精神來整理，筆錄、撰稿、編纂、打字，更融入自己數十年來的學易心得，文富辭豐讓同學能夠更融入的了解，感恩蕭大哥辛苦付出。蕭大哥，您是本書的靈魂人物，精神所在，謝謝您，您辛苦了！

十二生肖地支占卜法秘訣面授

（附送 DVD 三集，數字天干、生肖牌卡共二副，生肖占卜
教材上、下冊二本、專解下冊十二項推理來源一本）

太乙老師親自面授，指導十二生肖地支占卜的實戰應用。簡單、易學、實用
價值高(也可訓練八字的推理、解象，也可連結八字、擇日學、姓名學、陰陽宅
學)，不用任何資料，基礎，只要有興趣，透過太乙為您設計的十二生肖占卜牌
卡，就可速成。

◎ **面授選擇:** 面授、諮詢指導兩個小時就可學成，讓您馬上成為占
卜大師。學費每人**壹萬貳仟捌佰元**「含教材上、下冊二本。附送
現場教學 DVD 數字天干、十二生肖三集共約五小時五十分(可反
覆複習)、十二生肖占卜牌卡一副(48 張)與數字天干牌卡一副(40
張)及生肖占卜篇專解下冊十二項目的推理由來 320 頁一本 」。
預約電話:(06)2131017　(06)2130327　(楊小姐、杜小姐)

◎ **面授、諮詢 :**0982243349　0929208166　楊小姐
購買選擇: 可先購置現場教學 DVD 三集(共約五小時五
十分)，原價 4400 元，特優價 3200 元。再免費附送十二生
肖牌卡一副與數字天干牌卡一副及生肖占卜篇專解下冊十
二項目的推理由來一本。　建議可先購買觀看預習後再面
授，效果更佳。回來面授時，可由 12800 元再扣先前購買
的 DVD 3200 元，再補足 9600 元即可。

八字決戰一生/生肖占卜下冊專解篇是
將這十二大項目細項推演作學理的交待，可訓練
推演論命解盤的功力。看完生肖占卜篇這三冊會
讓您大吃一驚，單用這十二個生肖地支的符號，
就能直接作有效得人事應用對待及占卜，而且不
模糊，快、狠、準。　傳統的學術不是不能用，
而是解讀的時候速度不快，判斷時模稜兩可，學
理較沒有依據，看不到來源，而且各家解讀不
一，成了爭辯。但我們的學理依據簡單，您又看
得到數據，讓您有信心切入作論斷解析，而且學
習進入快、應用快，答案明確。再透過太乙為您
錄製三卷 DVD 十天干與十二地支的應用，相信您
在實戰應用方面已掌握了最佳的時效，在此恭喜
您！八字決戰一生的整套系列書籍，已陸陸續續
完成初版，謝謝您的支持。

宇宙間的符號　教學 DVD

千載難逢的自然生態八字命理 DVD 寶典出爐了
鐵口直斷的切入角度 讓您茅塞頓開
馬上讓您快速進入命理堂奧

八字時空洩天機教學篇（初、中級）易林堂出版

特優價：3980 元(此套內容等質於外面 36000 元的內容)

　　「八字時空洩天機-雷、風集」的基礎理論及中階課程已錄製好現場教學DVD影片，共有10集，每集約1小時30分鐘，此套課程由「十天干、十二地支的基礎，延申、八字排盤、掌訣、大運排法，刑、沖、會、合、害的延申、應用實際案例解析、太乙兩儀卦應用、實戰、分析，讓您掌握快、狠、準的現況分析」；全套10集共約15小時（價格低於市價，市價平均每小時六佰元），原價六千六百元，優惠「雷、風集」的讀者三千九百八十元，再附送彩色萬年曆及「十神洩天機-上冊」一本，是學習此套學術最有經濟價值、最好最划算的一套現場教學錄製DVD，內容活潑生動，原汁原味，可反覆播放研究，讓您快速學習到此套精華的學術。

看過此DVD保證讓您八字功力大增十年。

◎購買以上 DVD 兩個月內，觀看影片內容有任何問題歡迎　來電諮詢

※電話諮詢時間：
　星期一至星期五早上 10:00～11:00　下午 4:00～5:00
　諮詢專線:06-2131017　(06)2130327（楊小姐、杜小姐）

以上書籍、DVD
　訂購方法：1. 請撥 06- 2131017　0982243349
　　　　　　　　　　06- 2130327（楊小姐、杜小姐）
　　　　　2. 傳 E-mail 到 toosg3215@gmail.com
　　　　　3. 傳真訂購專線：06-2130812

請註明訂購者姓名、電話、地址以及購買內容
付款方法：郵局帳號：局號 0031204 帳號 0571561
戶名:楊貴美(可用無摺存款免付手續費)

請搜尋　太乙文化　部落格有詳細資料

351

太乙（天易）老師經歷簡介

經歷： 79 年成立太乙三元地命理擇日中心，開始從事命理
諮詢、陽宅、風水、堪輿服務，目前積極從事推廣五
術教育，用大自然觀象法理論教學及諮詢服務。

現任： 台南市救國團命理五術指導老師
台南市國立生活美學館（前社教館）授課老師
附設長青生活美學大學（前社教館）授課老師
高雄市救國團(高雄學苑)命理八字　指導老師

太乙（天易）老師著作簡介

◎七九年統一日報命理專欄作家，著作「果老星學祕論」
◎八十年著作中原時區陰陽對照萬年曆，文國書局出版
◎九九年十月著作的中原時區陰陽對照彩色版萬年曆
◎一百年八月著作「窮通寶鑑評註」，筆名：太乙 。
◎一百年十月著作「八字時空洩天機-雷集」。雅書堂
◎一零一年三月出版「八字時空洩天機-風集」。雅書堂
◎一零一年七月出版「史上最便宜、最豐富、最實用彩
色精校萬年曆」易林堂。以下都由易林堂文化出版
◎一零一年八月出版《教您使用農民曆》易林堂出版
◎一零一年九月出版《教您使用農民曆及紅皮通書的第
一本教材(上冊)》。易林堂文化出版
◎一零一年十一月《解開神奇數字代碼一》易林堂
◎一零一年十二月《解開神奇數字代碼二》易林堂
◎一零二年元月《八字十神洩天機-上冊》易林堂
◎一零二年七月《八字決戰一生/生肖占卜篇上、下冊》
◎《八字決戰一生/生肖占卜下冊專解篇 DVD 教學》
◎一零二年九月《八字決戰一生/先天易數白話專解篇》
◎一零三年四月《八字十神洩天機-中冊》易林堂
《八字決戰一生》系列全套書籍，陸陸續續出版中
◎一零三年九月出版「八字時空洩天機-火集」雅書堂
◎一零五年三月《宇宙間的符號:將難經變為易經一、二輯》
◎一零六年四月《宇宙間的符號:將難經變為易經三、四輯》